管理狠一点
团队稳一点

5个维度、10大法则，
打造战无不胜的精英团队

王海山◎编著

中国友谊出版公司

图书在版编目（CIP）数据

管理狠一点，团队稳一点 / 王海山编著 . — 北京 ：
中国友谊出版公司，2017.9

ISBN 978-7-5057-4151-5

Ⅰ．①管… Ⅱ．①王… Ⅲ．①企业管理－组织管理学
Ⅳ．① F272.9

中国版本图书馆 CIP 数据核字（2017）第 196398 号

书名	管理狠一点，团队稳一点
作者	王海山 编著
出版	中国友谊出版公司
发行	中国友谊出版公司
经销	新华书店
印刷	三河市文通印刷包装有限公司
规格	787×1092 毫米　16 开
	19 印张　226 千字
版次	2017 年 10 月第 1 版
印次	2017 年 10 月第 1 次印刷
书号	ISBN 978-7-5057-4151-5
定价	39.80 元
地址	北京市朝阳区西坝河南里 17 号楼
邮编	100028
电话	（010）64668676

前　言

　　这是一个最好的时代，也是一个最坏的时代。之所以是最好的时代，是因为这是一个全民创业、万众创新的时代。遍地都是机会，到处都是希望。只要你有一颗不甘于平庸的心，只要你有敢于冒险的精神，只要你拥有不破不立的魄力，只要你敢于在创业的路上对自己狠一些，你就有颠覆、逆袭的希望。只要你有梦想、敢拼搏，你就有让梦想照进现实的机会。之所以是最坏的时代，是因为这是一个竞争已经完全白热化的时代。全民创业的大背景下，每一天都有成千上万的勇士踏上自己追逐梦想的征程。同样，每天都有成千上万的勇士在冒险的途中倒下成为烈士。

　　强者为王，商场不相信眼泪，在我们驾驶着自己的企业之船行进于这沉船无数的激流中时，已经无法再奢望什么风平浪静，我们唯一能指望的就是拥有一艘稳固的企业之船和船上的这支稳定的团队。拥有一支稳定的团队是所有在当下白热化的竞争中搏命的企业最大的愿望。这支能支撑企业之船永不沉没的稳定的团队，应该是什么样子呢？

稳定的团队，需要一位有着超级影响力的领导者。他浑身上下散发着人格的魅力之光，吸引着有志之士在他身旁聚集，并心甘情愿地跟他一起同甘共苦。他有着敏锐的嗅觉和果敢的决策力，在机会面前他敢于一马当先，一旦确定方向就毫不犹豫地率先入场。在危机面前，他果敢刚毅，敢于壮士断腕。

　　稳定的团队，需要一股敢于短兵相接、近身肉搏的铁血精神。在生死搏命的商战中，他们高举信仰的大旗，坚定不移地把团队的目标作为自己前进的方向。他们彼此信赖，敢于把后背交给自己的兄弟，他们敢于付出，他们以自己的团队和兄弟为骄傲，他们把为团队做出的贡献和付出看作是无上的光荣。

　　稳定的团队，人人都是英雄，他们有着英雄自己的规则和担当。他们敢于为结果负责，他们永远不会在责任面前逃避。他们用结果换取荣誉，他们用汗水浇灌成绩。赢就一起狂，输就一起扛。他们因为奖励而变得更加勇猛，他们因为惩罚而浴火重生。

　　当然这样一支具有一流执行力和超强凝聚力的团队，不能靠上帝的思赐。这样的团队需要我们自己打造，打造这样的团队就需要够狠的管理。够狠的管理敢于向结果要生存，以结果为导向，对结果负责。够狠的管理需要狠抓执行，用高效的执行换取更好的结果。够狠的管理，就要敢奖也敢罚，奖就奖得心花怒放，罚就罚得胆战心惊。够狠的管理，用人也必须狠，敢于重用比管理者更强的强者，敢于把合不到一起的天才踢出去。够狠的管理，就是敢于把权力交到最优秀的人手里，只要你有才你就能有权。够狠的管理，在于管理者敢用能力和魅力说话，敢于把自己的权力关进制度的笼子里，敢冲在下属的前面，敢于跟下属同甘苦、共患难。

　　这就是稳定的团队，稳定的团队就需要这样够狠的管理。

目录

第一章

结果为王，没有结果就谈不上生存

作为团队管理者，够"狠"就必
须弄明白团队只有靠结果才能生存，够
"狠"就得秉承结果为王的理念向团队
"狠"要结果。整个团队都要坚定不移
地对结果负责。

对结果负责，没有结果就没有生存

从事团队管理咨询的这些年中，经常能听到一种貌似冠冕堂皇的说法："我们追求过程，不看重结果。"而且绝大部分秉承这种理念的人往往可以不假思索地讲出一套听起来仿佛无懈可击的哲理，并能够不时地抛出几句古圣先贤的经典名言。但是另外一个比较尴尬的现实却是，说过这些话的人如果在接下来的时间内没能及时醒悟并调整自己的认知，他们将很快遭遇到最大的生存危机，无论是个人还是管理者皆是如此。而且是职位越高，影响就越大。个人断送的是自己的职业生涯，管理者断送的则是一个团队，甚至是一家企业的生存权利。那么，这就说到了另一个话题："我们凭什么生存？"

这个问题我曾经在不同的场合跟不同的团队管理者进行过沟通。问题的答案可谓五花八门：

"我们的生存依赖于永不止步的创新。"

"支撑我们的是上下一心的团结和一不怕苦、二不怕难的奋斗精神。"

"我们拥有最佳的商业模式和最好的战略决策。"

……

坦白地说，这样的回答我们很难说它是错误的。它们都从不同的侧面说明了团队生存的某些必要因素，能给出自己的见解也说明我们的沟通对象都拥有一定的管理能力和资历。但是从团队管理和企业生存的角度来讲，这些答案算不上是最恰当的，因为它们没有准确地展现问题的实质。最佳的商业模式、最好的战略决策、团结和奋斗的精神以及永不止步的创新这些方面都对团队和企业的生存与发展起着很大的作用。但是我们应该看到，这些通通都是条件，而且是必要不充分的条件。但凡一个团队能够很好地生存和发展，都会满足这些条件，但是这些条件却不能决定团队的生存和发展。从本质上来说，决定团队生死的因素只有一个——结果。而且是只有一次，不可更改。创新也好，战略决策也好，团结奋斗、辛苦付出也好，都有重新再来的机会。开始做得不够好，过程中可以修正和调整。第一次不够好，还可以重新来过。唯独结果不可更改，好的结果，能够给我们的团队争取更好的生存空间和资源，一旦出现坏的结果那么我们的团队将会不可避免地面对生与死的考验。再好的决策、再多的努力和付出也都于事无补。

例如，一家发展还算不错的公司，准备拓展海外市场。前期必定会做充分的市场需求调研，制订详尽而极具针对性的战略计划，也会派出精干的拓展团队，而且整个团队上至团队的负责人，下到一线的基层员工，也都会为既定的战略目标而努力拼搏。但是即使是这样，如果在既定的周期内没能取得好的结果的话，结局会是什么样的？乐观一点估计：公司总部将会对团队进行一次大换血，而首当其冲的就是这个团队的负责人。如果情况糟糕一点，公司完全会因为这个不好的结果而放弃拓展海外市场的计划。这时整个团队的生存都将会因为这个结果而受到威胁。

结果决定生存，这绝不只是某个人的一己之见。著名企业家史玉柱先生在"赢在中国"的比赛现场就曾经对参赛选手抛出过类似的问题："如果你是一个老板，公司在年初制定了一个项目，然后由两个团队分别负责实施，年底绩效考评的时候只有一个团队完成了既定的目标。但是另外一个没有完成目标的团队却比完成目标的团队更加辛苦，他们为了工作连续加班，从上到下都拼尽全力。不过很遗憾，不管他们有多么努力，结果就是没能完成目标。这时候公司有一笔高额的奖金，你将如何分配？"

第一位选手的回答是："虽然有一个团队没能完成目标，但是我能看到他们的辛苦，他们这个团队的这种肯于付出、不辞辛劳的黄牛精神值得提倡。所以我会分出一小部分奖金给他们，以示对这种精神的肯定。"

相对于第一个选手的回答，第二位选手的答案就显得有些圆滑："我会认真了解他们没能达到目标的原因所在，然后再根据具体的情况来决定奖金的分配。"

第三位选手是这样回答的："这个不存在什么争议，也不需要过多的斟酌和思考。高额的奖金是对完成目标这个结果的奖励，完成了自然就应该得到全额的奖励，没有完成也就没有权利和理由来分享奖励。"

我们先不说史玉柱先生最后的答案，光看第一位选手的回答我们不难看出这里面多少有一些"追求过程，不看重结果"的成分。最起码对结果还没有足够看重。这样的团队管理者在回答"企业和团队靠什么生存"这个问题时多半会给出"支撑我们的是上下一心的团结和一不怕苦、二不怕难的奋斗精神"这样的答案。这就说明，这样的团队管理者还不具备结果为王的意识。在竞争残酷的商业时代，这样的团队管理者、这样的团队前景多半是比较暗淡的。

从第二位选手的先要调查了解没能完成目标的原因，然后再做决定的说法可以判断他也不具备结果为王的意识。当然这并不是说我们不要去了解失败的原因所在，作为管理者，我们绝对是要把失败的原因彻底弄清楚的，但是弄清楚失败的原因的价值在于改进和警醒，而不应该用来干扰管理者对结果的态度。

用结果决定团队生存的商业思维来判断这两类团队管理者，可以认定他们是没有结果为王的意识的，作为商业时代的团队管理者，他们显然对结果的要求还不够"狠"。这样不够"狠"的管理者在身经百战的企业家眼里多半是不合格的。

现在我们再来看史玉柱先生自己的答案："我一定不会给他们奖励，但是我会在发年终奖的当天请他们吃一顿饭。"那么，请他们吃一顿饭算不算是一种变相的安慰和鼓励呢？也不尽然。因为史玉柱接下来还有一句话："我会告诉他们，功劳对公司才有贡献，苦劳对公司的贡献是零。"

我们有必要重复并牢记这句话："功劳对公司才有贡献，苦劳对公司的贡献是零。"这才是真正的结果为王的管理理念，这样的管理者才是足够"狠"的团队管理者。这也是对"企业和团队靠什么生存"这一问题最贴切的诠释。作为团队管理者，够"狠"就必须弄明白团队只有靠结果才能生存，够"狠"就得秉承结果为王的理念向团队"狠"要结果。整个团队都要坚定不移地对结果负责。

明晰结果心态的三个维度

　　我们的团队靠什么生存？毫无疑问是结果，这一点我们已经达成了共识。但是我们必须得明白一点，在通往结果的道路上有各种不在我们意料之内的困难在等着我们，它们是我们获得结果的障碍。那么，我们的团队如何在工作中得到我们想要的结果？或者说，我们要对结果负责首先要做的是什么？那就是心态，没有结果心态，我们所谓的对结果负责就只能成为一句空话。

　　那么，什么是结果心态？我们先从一些常见的事情来认识结果心态的几个特征，然后自然就会对结果心态有一个全面和深入的认知。

　　比如说，周末想约几个朋友一起聚一下，有的人可能就会坐在家里想，我该约上谁？该约去哪里？我们又该一起做些什么？然后又会想，某某会不会因为有别的事情要做而无法赴约……总之，在这样的心态下，总会有各种不同的问题和顾虑蹦出来干扰我们。我们想要一个让所有人都开心的、完美的聚会，但是实际上我们多半会在与各种假想的障碍的纠结中而废掉整个周末。

还有一种做事的心态，如果想在周末找几个朋友出去散散心，就会立即拿起电话打给所有想要邀约的朋友。然后就会知道谁有时间一起出去，谁还有别的事情要忙，并约定一下聚会的地点，然后等大家聚齐了之后再一起商量去吃饭还是去唱歌。这样最多半个小时的时间所有要出去的朋友就都已经在去聚会的路上了。

同样的一件事情，完全是两种截然不同的结果。而出现这种不同结果的根本原因就是心态，而后面这种先把事情做起来，在过程中解决问题的心态就是我们要说的结果心态。行动第一就是结果心态的第一要素。

要打造一个对结果负责的团队，就必须让团队的成员都有行动第一的意识。为什么必须行动第一？从心理学的角度来讲，我们需要用行动来让自己和他人相信，我们是在做一件事情，而不仅仅是一种假设。就拿邀约这件事情来说，当你拿起电话的时候其实就是在告诉自己：我是在邀约朋友一起聚会。这是一件正在做的事情，你就会跟朋友说我们有一个聚会你有没有时间参加。你就会很认真，你的朋友也会马上给你一个明确的回答，如果他要参加聚会就会继续和你一起促成进一步的细节，比如，什么时间，什么地点。

但是如果你没有真正意识到这是一件正在做的事情，而只是一种想法，即使你开始了跟朋友的通话，也多半只会说："好久没见了，什么时候咱们找个地方聚一聚？"

而对方也多半会这么回答：

"好呀，找个合适的时间咱们聚聚。"

如此这般就会成为一种彻底的寒暄。没有行动第一的引导，我们的聚会多半会没有下文，我们永远等不到那个"合适"的时间，也就永远没有聚会。

这就是行动第一给我们带来的真实感。有句老话说得非常好，它特别能体现感觉为真对我们行动的影响——"让吃饭，看紧慢"。

到别人家里去，到了饭点跟主人说我要告辞了，主人会做出挽留。这个时候留与不留，促成我们做出选择的就是行动给我们带来的"感觉为真"。如果主人家已经把各种食物都摆上桌了，并且已经拉着你就座了，这时候，主人的行动就会让我们"感觉为真"，我们就会相信主人家是真心留客，却之不恭，就会选择留下来一起吃。如果主人家只在嘴上挽留，说什么你不能走、你走了就是不给我面子之类的话；家里清锅冷灶，也迟迟不见起身，那不管主人家话说得多亲切、多诚恳，你也不会留下来。行动第一对我们的影响就是这样明显，感觉为真就做，否则就不做。

行动第一，让由此而来的"感觉为真"促使我们更进一步的行动。这是结果心态的第一要素，但这只是一个开始。那么，结果心态还需要什么？我们先看一个有趣的实验：

这个实验的内容是把六只饥饿的猴子分作三组，每组两只，分别关进三个不同的房间内。每个房间里都有两只猴子和一定数量的食物，所不同的就是实验者有意在摆放每个房间内的食物的时候做了手脚。他们把第一个房间的食物直接放在了地板上，在第二个房间他们直接把食物挂在了房顶，第三个房间的食物被错落有致地悬挂在房间的不同高度。

一切准备就绪后，他们把猴子两个一组关进三个房间仔细观察它们的行动。

第一个房间里的两只猴子看到地面上放着食物，便本能地扑上去抢食并在抢食的过程中开始打斗。

第二个房间的猴子先是在房间里毫无日的地胡乱走动，但是很快它们发现了挂在房顶的食物。在饥饿的驱使下它们开始不停地往上跳，想要够取上面的食物。但是无奈食物挂得太高，不管它们怎么努力都无法成功。

第三个房间里的猴子进去之后先是吃了点挂得稍微低一些的食物，但是这没能使它们得到满足，于是它们就开始够再高一点的。同样，想要获取位置高一些的食物对它们来说真的是太难了，它们各自试了好几次都没能如愿。但是很快，这两只猴子就做出了令实验者吃惊的举动，一只猴子开始把另一只猴子扛在肩上，再由上面那只猴子伸手够取挂在高处的食物。

三天以后，实验者打开了三个房间的门。第一个房间里面的两只猴子躺在地上已经一动不动了，很显然它们为了争夺食物在打斗中都受了很重的伤。第二个房间里面的猴子情况也差不多，它们是因为三天没吃到任何食物给饿的。第三个房间里面的两只猴子，三天过后状态还比较好，这主要得益于它们特殊的获取食物的方式。

这是个现实寓意很强的实验，虽然实验的对象是六只猴子，但是它的现实意义已经照射进了社会学和管理学。它所强调的是处在社会中的个体获得生存和成功的方式，三组猴子就代表着三种不同的行事方式。我们从结果心态的角度来解读这个实验，不难看出：在饥饿的本能驱使下，三组猴子都有了强烈获得食物的意愿，并且在看到食物的同时都在第一时间采取了行动。但是第一组猴子选择了内讧，结果两败俱伤。第二组猴子选择各自为政，虽然没有相互伤害，但是也都没有达到目的。只有第三组，它们在行动第一的基础上选择了合作，这才有了双赢的结果。我们说结果心态三个要素的第二个就是合作。现在是一个社会分工越来越精细、越来越明确的时代。我们在各自的领域里越来越精深，但是相对地我们对于其他领域却越来越陌生。这样一来，不管我们处在多高的位置上，不论我们在自己的领域内有什么样的造诣和成就，都注定无法独立完成一项完整的工作。我们只是某项工作当中的某一个环节，我们需要别人的全力协作，我们需要合作。合作既是结果心态的第二要素，同时也是当下，团队赢天下时代最重要的社会活动规则。

曾经有这么一个人，他的一生经历了各种坎坷和曲折，他的生命一次又一次地跌进谷底，但是他最终得到了自己想要的结果，他的成功也为全世界所瞩目。他的秘诀只有一个，那就是永远不放弃。

因为他是个黑人，在很小的时候就受尽了旁人的欺凌和嘲弄，所以他上中学就得比别人多缴纳高额的借读费，他靠自己的努力获得了求学的资格。大学毕业以后，他决定要自己创办一份杂志，因为黑人找工作实在是太难了。但同样是因为肤色的关系，他的创业得不到银行的支持。面对资金的困难，他选择了不放弃，在母亲的资助下开始了创业之路。

凭着自己的才华和远远超过别人的努力，他的杂志取得了一定的成绩。但是在他刚刚替母亲赎回因为自己创业所抵押出去的家具之后，他就遇上了全球性的经济危机，他的公司几乎遭受了灭顶之灾。在又一次生与死的考验面前，他再次选择了坚持。吃不上饭、生计难以维持，他就一边拼命工作，一边靠捡破烂来获取微薄的收入。

几年之后，经济回暖。公司在他的坚持下有所好转，他终于看到了希望，但是命运却在这时候又给他开了一个天大的玩笑：几个重要的股东因为内部矛盾突然要求撤资，他费尽了口舌依然没能改变局面。一再的打击使得他心灰意懒、身心俱疲。近乎绝望的他向自己的母亲哭诉，诉说自己的努力和失败。

"孩子，为了自己想要的结果，你努力了吗？"

"是的，妈妈。我已经非常非常努力了，但是这已经没有用了。我的努力并不能改变什么。"

"没有谁的努力是没有用的，只要你在每次失败之后都选择坚持，那最后你得到的肯定不会是失败。"

很庆幸他有一个这样的母亲，很庆幸妈妈的一番话让他重新振作了起来。他变得比以往更加努力，一直到他得到自己想要的结果。

几年之后，他所创办的《黑人文摘》驰名世界，他成为约翰森出版公司的总裁，他还同时拥有三家无线电台。

这就是约翰·H.约翰森传奇的创业故事，也是一个诠释永不放弃精神的故事。里面也蕴含着结果心态的第三个要素：永不放弃的顽强精神。故事的主人公在追求结果的道路上遇到了很多困难，但是他却是一个幸运的人。在他快要动摇的时候，有那样一位母亲来鼓励他。但是我们没有任何理由觉得自己遇到的困难就会比他少，实际上我们身边也不一定有那么一个人会在关键的时刻提醒我们要坚持。

这就是我们强调结果心态离不开永不放弃的精神的必要所在。

在追求结果的道路上，我们需要不遗余力地培养员工的结果心态，要让他们清晰地认识到结果心态的三大核心要素：行动第一，让由此而来的"感觉为真"成为我们高效行动的动力之源；通力协作，让合作来弥补个人能力和知识的短板；永不放弃，靠百折不挠的顽强精神来面对追求结果的路上所遇到的种种困难。这是每一位狠抓结果、向结果要生存的团队管理者所必须牢记的。

要结果就不要对苦劳妥协

在古罗马时代，有一位特别贤明的皇帝叫普布利乌斯·埃利乌斯·哈德良，哈德良是罗马帝国安敦尼王朝的第三个皇帝，一生征战无数。他手底下有一名特别忠心的将领，跟随他很多年，但是一直没能得到提升。终于有一天，这位将领实在忍不住了，就开口向哈德良提出了请求：

"尊敬的陛下，我在您身边的时间已经足够长了。我曾经跟随您参加过很多次重要的战斗，我想现在我已经拥有一个帅才所需要的所有的经验，您可以考虑让我镇守一方了。"

作为皇帝，哈德良对这个将领的才能有着充分的认识，但是聪明的皇帝并没有直接回答，而是指着旁边的驴子说：

"这些驴子所参加的战斗可能比你参加的要多得多，但是你看，直到现在它们还是驴子。"

这说来算是一个笑话，可以在团队培训的课堂上用来活跃一下气氛，但其实质讲的却是功劳和苦劳的问题，这对于所有团队的领导者来说都是一个非常重要的问题。故事讲得浅显和轻松，但是越是浅显的问题我们解决起来越是感到棘手，远远不如故事中所表述的那么轻松。

有一年的年终，几个关系不错的朋友聚在一起聊一聊一年的付出和收获，同时也交流一下信息，顺便谋划一下来年的发展。但是自始至终，A君一直静静地坐在角落里一语不发。他是某公司一个销售团队的负责人，平时在朋友圈里也算是比较活跃的。于是，酒会结束后我们在一间幽静的茶室里落座。

"所有的道理我都明白，也想过这样的结局，但是现实的情况要比预想的严重很多。理智上来说，完全合理，但是就是没有办法说服自己，更没办法去说服别人。"

从他的讲述中能够听明白，今年是他们团队最为辛苦的一年，团队的业绩也比去年有了很大的增长。但是遗憾的是，离年初制定的目标还有一些差距。他也觉得这样的成绩可能无法为团队争取到丰厚的奖励，但还是心存侥幸，想着公司会不会看在他们勤勤恳恳的分儿上多少给一些安慰。作为整个团队的负责人，他是最早得到那个情理之中却又在意料之外的消息的：取消整个团队所有人的年终奖励，业绩排在后面的几个还会被调离岗位。

"所以，你感到不能接受？"我试探性地问。

"坦白说，不舒服，但能接受。不过这不是问题的关键。关键在于我怎么能让他们接受，团队是我的，团队的稳定对我很重要。"

"你感觉他们不能接受？"

"这一年他们都很辛苦，早来、晚走、周末加班、下工厂、跑外地，从没有怨言。节假日也经常放弃跟亲友的团聚，尤其是那几个业绩不怎么好的，他们付出的努力可是比别人要多得多，这些我通通看在眼里。我担心公司的决定对我们团队的稳定是一个非常大的考验。"

说起下属的努力和付出，他变得有些激动，看得出来这是个富有人情味的团队领导。

"看来，你并不是十分认同结果思维。"我有意地给他一点刺激。

"结果为王是公司的基本制度之一，这点我还是能做到的。所以，对于公司的决定，我完全接受，我说的是……"

"我想我们说的不是同一个概念。你说的是制度的执行，不理解、不认同也要坚决执行。我强调的是思维，一种内在的认知方式。这才是解决问题的关键。"

没错，很多企业在落实结果为王的法则时，靠的是制度的刚性力量。有制度就要执行，理解要执行，不理解也要执行。当然并不是说这样不行，在关键时刻我们需要这样的执行力。就像军队中在某个关键时刻还对一个问题存有争议的时候，上一级军官可以下达这样的命令："不讨论，只执行。"

不过作为中基层的团队领导来说，我们对团队的要求就是既要狠，也要稳。毕竟企业团队不是军队，他们有选择去留的权利。那么，想要做一个"狠"一点的团队领导，要不对苦劳妥协，就不只是有制度就执行这么简单了，这需要从认知的层面上了解问题的症结所在。功劳和苦劳在这里是一个矛盾体，各自有着更深的认知原因。我们说团队领导不能对苦劳妥协，并不是说可以完全无视甚至故意压制员工的苦劳心理，而是要从认知上了解苦劳心理的内在逻辑，而后再做合理引导。

我们先说苦劳，为什么有那么多的人开口闭口就是"没有功劳也有苦劳"，在这样的语境中，他们俨然把苦劳放在跟功劳一样高的位置上，而且还能那么理直气壮、义正词严？因为他们秉持的就是一种最朴素的交换理念，这种理念在我们生存的社会中存在了几千年，已经深深地嵌入我们的灵魂。那就是发端于农业社会的"一分耕耘，一分收获"。在这样的认知中耕耘是付出，收获是得到。这就构建起了一种朴素的交换公式：收获的等价交换对象是耕耘和付出。

但是，结果思维是什么？结果思维是一种严格的商业思维。理解结果思维需要有足够的商业思考能力，要把薪酬放在商业逻辑中考量。所有的奖励都是因为理想的结果所产生的利益的二次分配。没有理想的结果就不会产生这个利润，这个二次分配的问题根本就无从谈起。不但没有二次分配的机会，反而要承担一个坏结果所带来的损失。因为任何工作的进行都不单单是人力的投入，还有很多其他资源的投入。而没有功劳的苦劳就意味着这些资源的无效投入，苦劳就意味着资源的无价值耗费。

要结果就不对苦劳妥协，从本质上来说，其传达的是一种商业逻辑。功劳和苦劳所代表的分别是利润的二次分配和资源的无效投入。管理者需要让员工从认知上消灭对苦劳的幻想和侥幸，让他们认识到在商业逻辑下没有结果就没有一切；苦劳不仅不是讲条件的资本，反而应该是承担资源浪费的依据。

敢于问责，不问责就得不到结果

对于一个中基层的管理者来说，最让他感到懊恼的事情莫过于做好了周密的计划，安排了适当的人选，付出了极大的努力，也寄予了很高的期望，但是很遗憾，到最后一步，没有得到想要的结果。很多管理者都表示，没有比这更加糟糕和更加令人懊恼的了。他们会因此开始质疑自己下属的能力和工作态度，质疑他们的忠诚度和执行力。总之，一旦结果没有达成，绝大多数的管理者会认为是下属没有做好、没有做到位造成的。

其实，感到懊恼的并不只是管理者。我曾经跟这些管理者的下属做过一些沟通，他们的苦水并不比自己的领导少。因为再怎么详尽的计划和安排都需要他们去实施，所有具体的事情都是他们在做。他们感觉自己已经按照领导的要求做了所有的事情，自己已经非常努力了。得不到想要的结果最遗憾的应该是他们，因为他们所有的努力和付出都变得没有任何意义。他们不但不会因为辛劳而得到肯定和嘉奖，还会因为最后的结果而受到某种程度的惩罚。所以，下属觉得得不到想要的结果他们才是最大的受害者。只不过下属的这种不满不会轻易地表现出来而已。

为什么会这样？因为每个人的本性中始终在重复着一个永恒的主题：回避风险。不管自己有没有意识到，我们每一天其实都处在"回避风险，逃避责任"的潜意识掌控之下。所以作为领导者，我们会在行动之初制订自己认为最详尽、最完备的方案。作为下属，我们也非常想要拥有一份这样的方案。我们还会下意识地谨遵上司所要求的每一个细节和步骤。其实，这都是在下意识地规避自己在不利的结果中所应该承担的责任。

那么，问题该怎么解决？明确责任，把所有的责任都非常明确地提出来。想要对结果负责，就得在事情开始之前解决谁来负责、对谁负责和对什么负责的问题。否则即使拥有详尽完备的谋划、精干敬业的员工，也多半不会得到想要的结果。

在前面我们提到过，在不利的结果面前管理者和下属各有微词。了解到这些情况之后，作为团队管理的咨询者，我们又应该怎么做？通常的做法是，放过上一个，关注和解决下一个。听到管理者和下属对上一个不利结果的表述，不要急于做决定，带着所有了解到的信息回到现场，放过上一个不利结果。由谁来负责？对谁负责？对什么负责？用这三个问题来检查下一个任务下达的过程。这样一来，多半就会发现问题的根源所在，再帮助他们制订解决的方案就会变得非常轻松，效果也会非常好。

我们不妨一起来模拟任务下达时出现最多的几种情况，如果用我们提出的这三个问题来对照的话，大家就会明白很多不利结果是在任务下达时就已经注定了的。例如，某公司要举办一场产品发布会，届时需要邀请一名业内的知名人士参加，这就需要安排人专门负责该知名人士的邀约事宜。这个看起来并不复杂的工作安排，具体到不同的领导身上情况就大不一样了。

"小李，你去联系一下××老师，这是他的联系方式和相关信息。"

"小李，我们的产品发布会需要××老师到场，公司安排你负责跟××老师联系事宜。你要确保他能准时出席产品发布会。"

"小李，公司的产品发布会需要××老师出席，你来负责跟他联系和跟进，你的任务是确保他能准时出席。需要什么协助和支持可以随时跟我反映，但是如果××老师届时不能出席，由你来负责。"

同样的一件事情，要求的是同样的一个结果，不过通过三个不同场景的模拟，我们大致可以预见他们各自不同的结果。三种情况下，这个被领导安排负责××老师联系事宜的小李会把事情做到什么程度呢？我们先来听另外一个故事，这个故事很多做激励培训的老师都爱拿出来讲，然后告诉员工要自动自发做老板没有交代的事情。现在我们来重新解读一下：说某公司有一位领导，有意要考察一下自己的三个下属，就对三个人说了一句同样的话："你们到菜市场看看，今天有没有好的土豆卖。"然后三名下属各自走开，领导就坐在办公室里等。

五分钟后第一个前来复命的下属走进上司的办公室，回答也非常简单："今天市场里有四个摊位上的土豆质量不错。"因为他只是给在菜市场做管理的朋友打了一个电话。

两个小时以后，上司的办公室里走进来第二个复命的下属，带回四份土豆的报价单。因为他真的去了菜市场，并一一询问了土豆的价格。

临近下班的时候，第三个下属才回到办公室。他不仅带回来了土豆的信息，还带回来一个卖土豆的人，这个卖土豆的人还拎着一些土豆。因为第三个下属到市场以后详细地了解了每家土豆的质量、价格、新鲜程度和进货渠道后，选择了一家性价比最高的，并让老板随机携带一些土豆来做样品以供领导做决策参考。这时候只要领导愿意，随时都可以做决策签约。

故事讲到这里，做员工激励的老师会把这三类员工做一下比较，告诉员工要向第三名员工一样，学会自动自发，不要只做老板交代的事情。老师通常还会告诉听课的员工一个利好消息，这个最后回来的员工随即就被上司提拔为新任经理。但是作为一位有经验的管理者就会很深刻地体会到这样一个有些尴尬的现实：第三类员工仿佛只是管理者的一个愿望，在我们的员工中简直是可遇不可求。遇上自动自发的员工，让员工给自己想要的结果简直就像撞大运一样，这是一个小概率事件。

没错，坐等自动自发的员工给自己想要的结果，真的就是一个小概率事件。问题的矛盾点是作为一个管理者，我们偏偏又需要很多的结果来支持团队的生存和发展。那么转机在哪里？转机就在于我们之前提到的关于责任的三个问题：谁来负责？对谁负责？对什么负责？用这三个问题我们完全可以把小概率事件变成大概率事件。实际上，我们在公司中所面对的下属绝大多数都是属于第一类或者第二类的员工，但是我们却可以运用结果导向法则把他们变成第三类的员工。具体的做法就是把责任融合到管理者的结果导向思维中。在下达任务的过程中把明确责任所涉及的三个问题回答清楚。这就又回到我们所模拟的几种不同的下达任务的场景。我们可以清楚地看到，如果按照场景三当中的方式来下达任务的话，得到自己想要的结果就完全可以是一个可能性极高的大概率事件。

这样一来，即使是前两类员工也有很大的概率会给出第三类结果。这就是把责任运用到结果导向法则中的作用所在。谁来负责？对谁负责？对什么负责？这三个问题既是结果表述的引导，也是对结果表述进行检查的重要工具。作为管理者，我们不得不重视。这里我们再分享一个在实际操作中常见的误区，希望大家引以为戒。

大家先思考一个问题：把责任除以二会等于几？

什么叫把责任除以二？简单地说就是把责任分散在两个或者两个以上的个体身上，由他们共同来承担。因为我们在实际工作中所制定的大多数目标都不会像我们在模拟场景中所提到的那么简单。那些相对复杂或者非常复杂的目标需要两个或者更多的人来共同协作完成。这时候，根据惯性思维管理者往往会习惯性地把责任分散到所有参与者的身上，会做出这样的表述：这个事情要是做不好，谁都别来见我，你们通通都要受罚。

这样一来，会出现什么样的结果呢？结果很可能会成为"一个和尚挑水吃；两个和尚抬水吃；三个和尚没水吃"的又一个佐证。把责任除以二等于零，这就是管理者所熟悉的"旁观者效应"的最通俗表述。如果有一个人被要求单独完成任务，他的责任感会很强，并会做出积极的反应。但是如果两个或者两个以上的人被要求共同完成一个任务，并对这个任务承担责任的话，那么，这个群体中所有个体的责任感都会大大降低。一旦遇到困难就都会想着往后退，他们会有一个想法：反正还有其他人呢。

所以结果导向中的责任表述，既要明确也要遵循责不可分的原则。否则责任一经分散结果就会为零。即使所要完成的任务需要多人配合来完成，管理者也要先明确一个责任人来单独完全承担责任，其他参与者的责任可以由这个责任人负责明确。这一点值得每一位注重结果的管理者谨记。

拒绝任何跟结果无关的事

要获得自己想要的结果，有两个因素相当重要，第一是锁定目标，第二是锁死目标。但是每当我们讨论这个话题的时候，很多管理者对这两者之间的区别认识并不是很充分。更多的时候，我们会想当然地以为这完全是一回事，都是说要锁住目标。

没错，粗看起来这种见解并没有什么不妥，但是两者确实有很大的区别。这里的锁定目标讲的是，把所要达成的结果清晰化、具体化、标准化，最好能够数据化。这样做就是为了让结果具有可以量化的特征。一个不具备量化特征的结果，作为管理者，我们是没办法对它实施精准考量的。到最后下属以为自己做到了，但是管理者却认为自己的下属并没有给他想要的结果。因为缺乏结果的可量化性，完全没有办法用一个具体的标准来衡量。这就是我们所说的第一个要素，也就是锁住目标的重要性。更通俗一点来讲，我们在这里所讲的锁住目标，就是要非常清晰、具体地讲明白，要把结果做成一个什么样子。这个样子不仅要清晰，还要准确、统一，要让管理者和下属都能够拿同一把尺子去"量"这个结果。只有把结果做到这种程度，我们才算是真正锁定了目标。锁定了目标之后，我们再来看第二要素——锁死目标。为什么在锁定目标之后还要把目标锁死呢？

我经常会在跟管理者探讨这一问题的时候，分享一个特别有意思的小故事。有一个农民，他非常能吃苦，非常能干。有一天晚上睡觉之前，他妻子跟他说最近天气特别干旱，村口的几亩庄稼马上就要旱死了，让他明天务必把这几亩庄稼给浇一遍水。为了完成他妻子所交代的这个任务，他第二天一大早就起床收拾准备去地里浇水，可是等他正要走出家门的时候发现养鸡的栅栏坏了，就赶紧找来木板把栅栏修好，并把跑出去的几只鸡抓回来。这时候他又发现有两只鸡不对劲，无精打采的好像是生病了，又连忙抱着生病的鸡去找兽医。从兽医那里回来的时候路过自家的柴火垛，又发现柴火也快用完了，再不去取些柴火的话晚饭可能就没得烧了。于是他又赶紧去弄柴火，把柴火弄回来听见猪栏里的几头猪饿得直哼哼……

从天蒙蒙亮一直忙到日头偏西，他都没能从家里走到地里。毫无疑问，他今天要给庄稼浇水的任务是完不成了。但是，在这个过程中他是有一个非常明确的目标的，也有完成目标的强烈愿望，为了完成目标，他还特意起了个大早。那么，他的问题在哪里？就在于锁定了目标之后没有锁死，结果在烦琐的事务面前把目标给跟丢了。这个过程我们看得清清楚楚，他的状态是看到什么就惦记什么，想到什么就做什么。这时候他的意识当中是没有一个固定目标的，他脑中的目标就像是走马灯似的不停地在变，而且还是毫无章法地变换，目标变成什么完全取决于自己看到什么。

一起分享这个故事的朋友大多都是管理界的精英。但是我们很多人都在犯着和这位农夫一样的错误。不管是哪个层级的管理者，包括我们的下属，我们每天遇到的事情都多到超出我们的想象。如果我们不把自己的目标锁死，就只能让脑子跟着眼睛走，看到什么做什么。只有当自己闲下来的时候，才有可能想起自己真正迫切需要完成的目标。可是往往这个时候，最好的时机我们已经错过了，甚至完成目标的可能性都已经完全丧失掉了。所以，作为团队的管理者，想要打造一个以结果为王的团队就必须得具备这种在纷繁的琐事中紧盯目标不放的锁死目标的本领。这是一种非常了不起的本事，在国外的一些知名企业中甚至被列为衡量管理者能力的一项重要的标准。

美国就有一家这样的公司，他们在招聘经理的时候，就特别看重这种紧盯目标不放的能力。这家公司在进行招聘的时候，会对应聘者做一个相对深入的调查。然后再通过几轮的面试和笔试选出几个能力相当的候选人来进行最后的考核。其实能够通过前几关走到这一步的候选人，在能力上来说都是各有千秋。这时候要考核的，就是这种紧盯目标不放的锁死目标的能力。公司进行最后一项考核的时候，会随机在报纸杂志上挑选出一篇篇幅相对较长的文章，然后把这篇文章交给面试者，告诉面试者最好能够一字不落、一气呵成地把文章读完。值得注意的是，最后这一项考核，往往是在总裁的办公室，由总裁亲自把关。公司总裁在告知面试者考核内容之后，会自行离开，把面试者单独留在总裁办公室。在这个过程中，会有人不停地进入总裁办公室，对面试者提出各种各样的请求。

很多面试者一开始都会认为这项考核毫无难度可言。他们自认为完全可以非常轻松地完成。但是往往是等到他们刚读完第一段的时候，就有漂亮迷人的总裁助理端进一杯茶来，告诉他们："先生辛苦了，请喝一杯茶吧！"或者刚好有其他的管理者进来找总裁汇报工作。他们会向面试者询问总裁去哪里了；再或者是，总裁助理进来之后向面试者寻求各种各样的帮助。总之，在这整个过程当中，面试者会遇到不止一次的完全不在计划当中的情况。这种情况下要想毫不停顿地读完整篇文章，难度就会变得非常高。那么完成这项任务的难度到底有多高呢？曾经有人就这一问题请教过这家公司的管理者。面对这个问题，公司的现任经理哈里森给出这样的答案："据我所知，在我上任之前，已经有五十位面试者参加了这一考核。"

既然这么难，那么哈里森又是如何做到的呢？

"这是个很棒的问题，我们总裁也这样问过。其实也很简单，我当然知道那个走进来寻求帮助的美丽的小姐就是总裁先生的秘书，我也知道那个询问总裁去向的先生以后可能是我的上司，但是那要等到我入职这家公司之后才行。当时我要做的就是集中所有的精力，毫不停顿地读完手里的那篇文章，其他的任何事情我只能选择暂时忽略，因为它们都不是我的目标。"再浓缩为一句话就是：拒绝任何与结果无关的事情。

在哈里森的回答中对锁死目标做了非常形象的诠释：我们要做的就是集中所有的精力去做好一件事情，因为它是我们的目标。其他任何事情我们都将选择忽略，因为它们不是我们的目标。只有这样，才能心无旁骛，才能把目标变成自己想要的结果。团队的管理者要有这样的意识，还要给自己的下属灌输这样的意识，还要及时帮助下属清理寻求结果过程中的各种不必要的干扰，如此才能顺利完成目标和结果的转化。

第二章

狠抓执行，执行不力结果只能变苦果

狠抓执行，离不开狠抓执行过程，
过程抓稳抓实了，执行的结果才能得到
保证。否则，再好的规划和战略也只能
是一纸空谈。

认清"执行力三角"

    每一位团队的管理者和领导者都深知执行力对于一个企业和一个团队的重要性。有业内资深的管理专家曾经说过："企业的成功与否，20％是靠企业高层的策略决定，80％则是靠企业各层管理者的具体执行力。"如果企业决策正确，那么，执行就是一切。美国ABB公司前董事长巴尼维克也曾经说过："一位管理者的成功，5％在战略，95％在执行。"这就是执行力的魅力所在。可以说，执行力决定着企业的成败，也决定着管理者和员工的命运走向。也正是因为执行和执行力对于公司、团队、管理者和员工都有着至关重要的作用，所以不管是哪一级的领导，不管是大团队还是小团队的管理者，你都会不时地从他们口中听到执行和执行力。于是，在跟这些管理者进行沟通的过程当中，经常会被问到一个问题——什么是执行和执行力，能不能用一个标准的概念来对它进行界定？坦白说，关于执行力是什么的问题其实是一个开放性的问题。这种开放性的问题很可能没有一个标准的答案，你询问三位管理者可能得到三个答案，你询问五位管理者就可能得到五个答案，如果你询问三十位、五十位，甚至上百位管理者，你就可能得到三十个、五十个，甚至上百种不同的答案。我们先不说有没有一个标准答案，或者这个标准答案是什么，先来看一看，我们所熟知的那些企业大佬对这个问题是怎么看待的。联想集团总裁柳传志先生，在谈到执行的时候，曾发表过这样的看法：企业经营核心的三个决定性要素是战略、人员和运营流程，而只有将战略、人员与运营进行有效的结合，才能决定企业最终的成功；结合的关键，则在执行。

在享誉全球的管理大师杰克·韦尔奇看来，执行力就是消灭妨碍执行的官僚文化。他曾经说过："通用最痛恨官僚主义，我们杜绝将资源浪费在行政体系上的做法。"海尔集团总裁张瑞敏先生在谈到执行时更强调的是行动。在他看来，执行力就是把简单的事情做好的能力。

对于这些大佬关于执行的表述，绝大多数人的感觉是：说得都对，然而并不能帮助我们快速而准确地认识执行力。那么，到底要怎么说才能真正帮助到那些想要快速了解执行力的人呢？有一句话，分享给大家：执行就是如何完成任务的学问，执行力就是如何用最少的资源，更快、更好地完成任务的能力。这是到目前为止，各个企业的咨询者最容易接受的一种表述。在得到这个答案之后，他们通常会表示："这下我可以在我的下属面前，用最直接、最通俗的话告诉他们，我们一直在强调的执行和执行力到底是怎么一回事了，而不必用很多专业术语来讲得很深奥。要知道把那些专业的东西清晰明白地讲给他们听并不是一件太容易的事情。而且事实上，这么做并没有特别明显的效果。"

没错，执行就是一门如何完成任务的学问，就是这么简单明了。这是美国技术提供商及制造业领袖型企业霍尼韦尔的国际总裁和CEO

拉里·博西迪关于执行的核心观点。拉里·博西迪认为，在战略和结果之间存在着一条不为人知的鸿沟，这条鸿沟使得很多优秀公司的很多看起来很棒的战略规划最终落空。虽然战略规划很棒，员工也很优秀并且努力，但是因为没能跨过这条鸿沟，很多时候他们无法得到自己想要的结果。如果想要清晰地看到这条鸿沟，并且在战略和结果之间架起一座桥梁的话，这座桥梁就只能是执行。当然，战略和结果之间的桥梁的说法只是对执行做了一个形象的比喻，清晰又通俗地说明了执行的作用以及指向。要想把这座桥梁搭好，搭得牢固，我们必须得深入了解执行力的内在运作机制。我们就有必要系统地了解，什么是执行力三角。这是让团队执行力落地的有效途径，也是每一位狠抓执行的团队管理者必须做的工作。就像拉里·博西迪在《执行：如何完成任务的学问》中的表述：执行是一门学问，执行是企业领导者的工作。

什么是执行力三角？就是对执行力产生决定性影响的三大核心要素以及它们相互之间的关系。执行力三角的说法见于耿启亮和张红波老师合著的《执行力落地》。我们来简单推导一下执行力的三个核心要素。对执行力产生最直接影响的是什么？是执行者的行动力，也就是说执行者行动的速度和准确度。那么，对于执行者的行动力来说，主要的影响又来自哪里？很简单，心态决定行为。一个人的心态是对其行动力影响最大的要素。再进一步说，一个人的心态，又受到什么因素的影响呢？最后一个问题我们先不急于回答，我们先来看一个故事，之后再对这一问题做出解答。这是一个心理学的实验，后来被广泛用于成功激励培训。也许对我们很多管理者来说，这个故事并不是最新的，但是它确实是有效的。

在一个黑暗的屋子里，心理学家带领十个人从屋子的一端走到另一端。由于是在心理学家的带领下，所以这十个人完全正常地通过了房间，然后将房间内的一盏灯打开。透过昏暗的灯光，人们看到屋子的地面是一个大水池，水池当中有几十条鳄鱼。在水池的上方，有一条窄窄的独木桥，这独木桥就是他们刚刚通过的地方。这次原本淡定的众人瞬间惊出一身冷汗。面对心理学家原路返回的要求，有超过一半的人选择了拒绝。剩下的几个也在走上小桥之前，或在走过小桥的中途选择了放弃。只有一个人颤抖着双腿，小心翼翼地挪了过去。

等唯一敢走过小桥的人通过小桥以后，房间里最大的那盏灯亮了起来。在明亮的灯光照耀下，人们发现水池当中的鳄鱼，竟然是精致到足以以假乱真的模型。压抑到极致的氛围，开始变得轻松起来。这时心理学家要求他们再一次通过水池上方的小桥时，参加实验的十个人几乎没有犹豫就都轻松地穿过了小桥。

我们再回到执行力的三个核心要素上来，同样的团队、同样的任务、同样的环境，从刚开始的正常通过小桥，到后来超过一半的人拒绝执行，再到后来的毫不迟疑地轻松地执行，中间发生了什么？首先是心态发生了变化。第一次通过的时候黑暗中他们看不到周围的环境，反正有心理学家在前面引导，跟着走就行了。第二次面对池子里鳄鱼的威胁，他们未必不会给自己加油打气，但是在危险面前要调整自己的心态绝不是一件简单的事情，所以干脆拒绝或半途而废。那个战战兢兢通过小桥的人绝对算是勇敢了，但是状态跟之前相比依然有很大差别。真相大白之后，就完全没有任何压力，甚至还有闲暇感叹鳄鱼模型的精致逼真。

那么，我们再思考一下新的问题：经过这个实验的洗礼之后，再遇上类似的实验，他们会有什么样的表现？我们绝对有理由相信他们中的绝大多数都会表现得比现在好很多。因为他们已经有了这次的体验作为自己新的信息积累了。

现在我们可以再推导一下执行力的核心要素，首先是行动力，然后是心态，再然后是什么？我们在上面的叙述中不难看出，被实验者三种不同的心态完全取决于他们了解到的信息。所以心态的决定要素是信息。除了执行力的三个核心要素，我们还能顺便推导出这三个要素的内在关系：信息决定心态、心态决定行动、行动又会产生新的信息积累。这就是我们所说的执行力三角。

对于我们的团队管理者来说，理解执行力三角有助于我们运用更加合适高效的方法处理团队的执行力问题。当我们团队的执行再出现问题时，我们就不会像以往那样只是简单地正向或者负向激励，也不会像往常那样跟下属谈心、开解、鼓励，帮助他们调整心态。因为理解了执行力三角的团队管理者明白，很多时候我们的心态并不是自己能够决定的，即使我们一再告诫自己心态要好。我们知道，心态的问题其实是信息的问题，信息的问题就要用信息手段来解决。只有妥善利用信息手段解决好他们的信息问题之后，这些手段的运用才能产生事半功倍的效果。

高效执行必须跨过意识门槛

"有太多的执行官并不知道，人们只会做你检查的事情，而不去做你期盼的事情。"这是IBM前总裁郭士纳先生在《谁说大象不能跳舞》中的一句话。但是从接触的众多团队管理者所反映的情况来看，郭士纳先生的这种说法也未必完全正确。完全不知道这种情况的团队管理者只是一小部分，而且是不太合格的一部分。更多的团队管理者对此并非毫不知情，他们所头疼的是不知道怎么解决这种状况。

为什么人们只会做你检查的事情，而不去做你期盼的事情？这就要从人们行为的两种类型说起。人们所有的行动都可以分作两大类型：一类是自发行为，另一类是自觉行为。这两种行为也对应了两种不同的意识类型，显意识和潜意识。其中显意识影响着人们的自觉行为，潜意识影响着人们的自发行为。而存在于人类潜意识当中的天性是与自觉行为相悖的。比如从本能上来说，我们都希望每天能够睡到自然醒，没有人喜欢早起。我们都希望能够拥有更多的休闲时间，没有人喜欢劳累。

所以自觉行为不能靠潜意识，而只能靠检查之类的强制信息来激发显意识。那些不检查或不要求的部分就没有那么明显的强制信息，就只能靠自发，而自发是由潜意识所主导的。潜意识当中本能的天性部分居多，很难会对抗自己的本能去做领导没有要求的事。

郭士纳先生所提到的"检查的事情"是能够对下属员工形成显意识的强烈影响的，员工的理智会告诉自己，领导"检查的事情"必须做，而且要尽量做到最好。因为领导会看到，而且看到之后还会有相应的奖惩措施。做得不好会使自己遭受某些损失。即使没有惩罚，也会因此而影响自己在领导心目中的印象，这是一件对自己发展不利的事情。所以，人们会尽力把领导检查的事情做好，以此来获得某种奖赏或者给领导留下好的印象。

不难看出，领导的检查激发的是员工的显意识，从而会对他们的自觉行为产生影响。知道你要检查什么，所以我就提前自觉地把这部分工作做好。其实能够自觉做好领导要检查的工作的员工已经算是一名较为合格的员工了，但是这样的团队还谈不上高效。这样的团队，只要团队管理者稍有疏忽，就肯定会有问题出现。我也经常听到一些追求高效执行的团队管理者抱怨说带着这样的一帮下属简直是太累了：

"几乎所有的问题都出在意想不到的地方，我感觉自己像极了一个在用破旧的渔网打捞的渔夫。我得不停地修补渔网上的破洞，但是每一次修补之后，都会在新的地方撕开一个口子，简直是防不胜防。我总不能把所有的工作都事无巨细地检查一遍吧。恨不能单独成立一个部门专门来负责检查的工作。"

"就算是成立一个单独的部门，也不能保证团队的高效执行力。"这是我面对管理者的吐槽时给出的最多的回答。

其实很多成熟的大型企业都有自己独立的质检部门，而且有些还不止一个。同时它们还有着几近完善的关于处理检查结果的制度。而且检查的手段和处理结果的方法永远在不断地更新着。但是即便如此，也不可能做到360度无死角的检查，况且有些职位和工种是不能靠检查来解决问题的。而且过度的检查，不但会影响执行的速度，还会引发员工的对抗情绪。情绪对抗是团队协作当中的一种非常糟糕的事情。

一个朋友在一家二十多人的小公司做管理工作，两年多以来团队的状态一直还不错，每年的预定目标基本都可以按时完成。但是公司的老总在一家咨询企业的组织下参观了几家据说非常高效的公司，学习归来的老板就跟他进行了一次长谈，老板认为公司现在实行的一周一次的检查制度过于松散，检查的密度太小，不能有效地对员工的工作进行全程监控，更不能最大限度地激发员工的积极性。要他制定一套制度，把检查频率改成一天一次，每天下班时检查，而且要做到今日事今日毕。但凡不合格的部分，必须当天修改完善后才能下班。

这是一家以内容供应为主的公司，当时我的感觉是如果这么做的话公司很有可能会遇到更大的麻烦。今日事今日毕原本是个不错的提法，在很多个人时间管理方面都有不错的运用。但是一家以内容生产为主的公司，一个项目动辄十几二十万字的内容创作，要做到天天检查修改，这是个很不理智的做法，很有可能把员工的创作思路碎片化。当然，麻烦可能还不止这些……

半年以后，我的这个朋友离开了这家公司，而且还是最后一个离开的，团队的成员早在他之前就已经离职了。简单说就是公司黄了，最起码是这个团队彻底不存在了。原来公司开始天天检查工作之后，首先他的工作节奏就被打乱了，他每天除了检查工作基本上就做不了什么了。

然后不得已停掉两个现有的项目，抽出两个员工来专门负责检查。这样一来，团队的人员利用效率马上就被拉低了。这还不是主要的，关键是负责检查工作的两位同事，需要熟悉其他同事手里的所有项目，一时间也有些手忙脚乱。更重要的是，非常需要思维连贯性的内容创作工作，被碎片化分割以后，其他员工更是苦不堪言。

这是一个团队从优秀到高效的一次错误示范，错的不是手段，而是方向。高效执行的团队就不会这样，他们团队的高执行力靠的是双管齐下。他们除了常规的检查外（毕竟检查什么就会得到什么的理念早已经深入人心，并且也有不错的表现），还会在员工的潜意识上下功夫。这是因为行动决定于意识，正所谓"心病还需心药医"，意识层面的问题不能交给制度去解决。当然，并不是说制度不能对人的行为产生影响，而是说制度直接作用于员工的行为，一是不能从根本上解决问题，二是还会有较大的负面作用。那么，对于管理者来说我们又该如何从潜意识入手解决意识门槛带来的问题，让员工改变原来的检查什么就做什么，不检查什么就不做什么的状态，变得自动自发呢？以下几个方法供大家参考：

1. 树立榜样

在团队中树立主动做事的自动自发的榜样，然后在精神和物质两个方面同时实施激励。两者缺一不可，而且激励的力度一定要大。坚决做到坚持"精神物质"激励的两手抓，而且两手都要硬。既要让榜样感受精神上的极大荣耀，又能得到实实在在的好处，从而使得榜样以更高的标准来要求自己，给原来那些"检查什么才做什么"的员工做正向的激励。

2. 暗示的力量

及时发现员工的一切进步，并不失时机地给予赞美和鼓励。给员工设置一个肯主动做事情的优秀员工的角色，并通过不断地正向心理引导让员工慢慢进入这一角色，一旦员工成功进入这个预设的角色之后，就会开始不断地给自己暗示，用预设角色的标准来要求自己。但是要记住，精准的赞美和鼓励永远有效，永远不要停止。

3. 降低意识门槛的痛苦

总会有一些始终都需要检查的员工的，而且是不检查不做事，检查了不高兴。对于这样的员工，首先要在检查的过程当中，在他已做的工作中发现亮点，然后给予表扬。只要他能够完成检查的工作，就要让他在被检查和被表扬之间形成一种心理上的条件反射。坚持一段时间后，他们原来因为意识门槛而带来的被检查时的痛苦和其他的负面感受就会大大降低，在他们的心里，检查就等于是受表扬。降低了意识门槛之后，他们就会慢慢朝着自动自发的员工靠近了。

信息高效传达的五种模式

在针对中层管理人员所进行的拓展活动上，我们经常会做一个叫"传话者"的游戏。这个游戏的参与者人数一般在5~12人，人数太多或者太少，都会影响游戏的效果。游戏的规则是所有游戏的参与者排成一排，然后由第一个人对他后面的人发出一句话指令。这个指令不能过于简单，要求在15个字以上，同时也不能过长，最好是一句话就能说完。所以叫作"一句话指令"。

然后由后面的人依次向自己身后的人复述这个指令，记住只能是前面一个人对身后的一个人传达。既不能让第三个人听见，也不可以向除了自己前面的人之外的任何人求证。

等所有人都确认自己听明白这句"一句话指令"以后，从最后面一个人开始让他们依次大声说出指令的内容。这时候你就会发现，整个场面非常富有戏剧性。当最后一个人大声说出指令内容的时候，围观者和参与者脸上的表情是完全不同的。大多数围观者脸上表现出的是一种不明所以的表情。而参与者脸上表现出来的是一种不可思议、简直难以相信的表情。这是因为最后一个参与者说出来的内容，要不就是几个毫无逻辑关系或毫无意义的短语的组合，要不就是逻辑关系非常混乱，完全是风马牛不相及的、非常荒谬的句子。而这些内容，在最前面的几个游戏者听来，是完全不可思议的。但是越往前听，你就会发现句子的逻辑性和理性以及准确性会越来越强。等到第一个游戏者说出指令内容的时候，所有的旁观者才会有一种恍然大悟、原来如此的感觉。那么一句相对比较简短的指令，经过5~12个人的单向传播之后，究竟会偏差到一种什么样的程度？例如，某地区第二天可能会出现日食，当地一个大学的校长就对副校长说，明天上午9点将会出现日食，请同学们穿上整齐的校服，和我一起在操场上观看日食，这一景象不是每天都能看到的，如果当天下雨可能不会看到日食，那么我们就去礼堂集合。

然后副校长又对系主任说，校长宣布明天上午9点将会出现日食，如果下雨了，请同学们穿上整洁的衣服，到礼堂集合，和校长一起观看日食，这不是每天都能看到的。

然后，系主任又对辅导员说，校长宣布明天上午9点会出现日食，到时候礼堂会下雨，这可不是每天都能看到的，如果下雨，请同学们和校长一起穿上整齐的校服到操场集合。

辅导员又对班长说，校长宣布，明天上午9点，太阳将会消失，这可不是每天都能看到的，校长请同学们穿上整齐的校服，在礼堂亲眼目睹这一奇观。

最后同学们听到的消息又是这样的：明天上午9点，校长将会在礼堂消失，这可不是每天都能看到的；校长请同学们穿上整齐的校服，去操场目睹这一奇观。

这就是现实生活当中的一个传话者游戏，校长要求大家穿校服，在操场集合观看日食的指令，经过副校长、系主任、辅导员、班长的层层传递，同学们听到的指令内容已经发生了天翻地覆的改变。虽然在这个例子中，校长通知的核心内容到最后都发生了改变，但是这个尺度比起传话者游戏来说还是小了很多。

所以，传话者游戏的现场气氛往往是非常火爆的。当最后的一名游戏者大声说出指令内容的时候，绝对可以让围观的绝大多数人忍俊不禁，也绝对可以使第一个发出指令的人惊掉下巴。如果活动现场的气氛比较闷的话，玩一玩这个游戏，效果绝对好得出奇。

但是很多有经验的管理者笑着笑着就会笑出一身的冷汗。我曾经说过，凡是能够吓自己一身冷汗的都是好样的。他们都有着丰富的管理经验，也具有很强的反思和忧患意识。他们明白这就是我们所面临的管理的现实。很多时候我们的决策、指令最起码在我们看来是接近完美的，是无可挑剔的，是谨慎而又明确的。但是，这种精准而又明确的指令经过了总经理、副总经理、部门经理、主管和小组长等层级的传达之后，最后到达一线执行者那里，就已经变得不那么明确、不那么精准了。所以，有很多高层领导在工作现场看到员工的工作内容他们会被吓一跳。

但是有些人不怎么会出汗。曾经问过一个看起来非常淡定的管理者，为什么可以做到那么淡定，是不是他们的团队从来就不曾出现过这样的问题。他的回答是："这个游戏最大的失误就是靠口头传达指令，声音又那么小，不能让第三个人听见，当然会闹笑话了。我们的团队从来都不会口头传达指令，我们信息的传达都是以书面或者以电子邮件的形式传达的。老总交给经理的书面指令是什么样的，经理交给主管的书面指令也是什么样的。"

OK，非常棒，这么说完全没有问题。信息的书面传达，比起口头传达来确实具有非常多的优势，其中就包括稳定性。所以现在很多的企业，它们的团队在传达一些指令时，都要求用书面的形式进行传达。但是不是这么做就万无一失了呢？我们需要弄明白一个现实：究竟是什么在指导着我们的行动？是领导下达的指令还是经过自我解读后的所谓领导的指令？现实就是，指导我们行动的并不是客观上的领导的指令，而是经过我们解读后的主观上的领导的指令。我们会经常听到一句话，叫作"条文的解释权"。这句话会经常出现在我们签订的各式各样的商业和法律文本当中，谁拥有解释权谁就拥有了主动权。

同样，在面对完全一模一样的书面指令时，每个人都会不自觉地行使自己的"解释权"，并在自己"解释权"的指导下开始行动。那么，现在你还觉得书面传达就不会出现"传话者"游戏当中所出现的笑话吗？传话者游戏闹出笑话的原因不在于信息传递的介质，而在于信息传递的形式。

也有一些淡定的围观者表示，传话者游戏所模拟的这种信息传递形式，层级过多是造成信息失真的主要原因。而我们的团队组织结构是扁平化的，应该不会出现这种尴尬的局面。没错，扁平化的组织结构中间是少了很多信息传递环节，在避免信息失真方面确实要比传统的、垂直化的组织结构好很多，但这并不意味着扁平化的组织结构在信息传递方面是没有任何弊端的。实际上，也并不存在任何一种绝对完美的组织结构，或是任何一种完美的信息传递方式。不管对于哪种形式的信息传递结构，我们都要以辩证的眼光来看待，最大限度地发挥其优势作用，同时尽自己最大的努力来避免其劣势。下面我们就一起来认识五种最常见的信息传递模式，认识它们的优势和不足，以便于我们在不同的具体情况下选择不同的信息传递模式，尽可能高效达到信息精准传达的目的。

第一种我们要认识的就是我们在传话的游戏当中见识到的这种信息传递模式。这种信息传递的模式，管理学当中称之为链式传递或者链式沟通。这是一个平行的网络，它的特点就在于，居中的人可分别与左右两人沟通信息。在一个组织系统中，它其实是一个纵向的沟通网络，这个网络中一般包含五个或五个以上的层级。信息在这五个层级中，由上到下，或者由下到上进行纵向传递。这样一来，信息在传递过程当中，经过层层传递筛选和各个层级的解读，就特别容易失真。这样就使得各个信息传递者所接收的信息差异很大，平均满意度也有较大差距。但是，链式沟通的优势在于，它是一种控制型结构，在一家企业当中，如果某一组织的系统过于庞大，需要实行分权授权管理，那么，链式沟通也不失为一种行之有效的方法。

第二种信息传递模式，我们称之为环式沟通或者叫作信息的环式传递。顾名思义，我们可以把环式看作一个闭合的链式沟通。环式沟通与链式沟通的区别就在于，居于链式沟通两端的信息传递者之间可以进行信息的沟通，这样就形成了一个相对封闭的信息传递网。但是就是因为这个信息传递网的封闭性，所以特别容易对失真的信息进行纠正，在网络内部达成高度的统一，并获得较高的满意度。如果某个团队需要在组织中创造出一种高度统一的目标和高昂的士气的话，环式沟通当为首选。

我们再来看第三种信息传递模式，它在管理学上被称作Y式沟通。Y式沟通同样是一个纵向沟通网络，但是在这个沟通网络中居于核心位置的成员只有一个，他是连接其他网络成员的唯一媒介。就像是军队中的由情报部门、参谋部门军事主管和下层执行部门构成的信息传递网，情报部门和参谋部门各自居于Y形上端的两个分支，各自将信息传递给中间结合点的决策部门，然后再从决策部门将执行指令纵向下达至下层执行部门。Y式沟通的权力集中程度非常高，解决问题的速度非常快，适合主管人员工作量大，需要有专人收集信息，提供决策依据时使用，这样能够在快速解决问题的同时对组织实施有效的监控，但是它的缺点也比较明显。由于核心决策者的权力过于集中，非常容易导致信息的曲解或是影响组织中成员的士气，从而使得除核心决策者之外的所有成员的满意度较低。

而在上文中所提到的，扁平化的组织结构所经常采用的沟通模式，在管理学上称之为轮式沟通。在这个沟通网络中，以决策者为核心，其他成员在其周围呈辐射状态分布。整个沟通网络，就像一个以核心决策者为中心的大轮子。轮式沟通也属于控制型沟通网络。其中核心成员是各种信息的汇集点与传递中心，其他所有成员都只与决策者形成单一的沟通。这样的沟通模式确实可以最大限度地避免信息失真的情况发生，但是同时也会因为沟通渠道的过于单一而造成组织成员的满意度过低，还会大大增加决策者的主观判断对整个执行过程的影响。但是如果是在时间紧、任务重的状态下，这也不失为一种加强组织控制、争时间、抢速度的一个非常有效的信息传递模式。

我们再来说一种比较常用的信息传递模式。这是一个开放式的沟通网络系统，其中每个成员之间都存在着一定的联系，在这个沟通网络当中，每一个成员都可以彼此了解。这种开放式的信息传递模式称之为全通道式沟通。因为是开放式的、多渠道的沟通，所以在这一种沟通模式当中，决策者的权力集中程度以及主管人员的主观判断对执行的影响都得到了有效的控制。在这样的情况下，主管人员和其他人员的满意度之间的差别会被降到最低，所以团队的士气就会变得高昂，团队合作的气氛也比较浓厚。但是同样，由于这种信息传递模式当中沟通渠道过于复杂，容易造成信息的重复和混乱，信息传达的即时性也会受到影响，整个信息沟通的成本就会变得很高。但是，这种开放式的全通道沟通方式，对于解决复杂问题、增强组织合作精神，以及提高士气方面，依然具有自己不可替代的优势。

链式沟通、环式沟通、Y式沟通、轮式沟通和全通道式沟通，这是执行高手手里的五把信息传递利器。他们通过对这五大沟通模式的合理运用达到信息的高效传达。但是我们必须清醒地认识到，我们所说的这五大沟通模式当中，没有一种是真正意义上的沟通神器。也就是说这五种沟通模式都有自己不可替代的优势，同时又具有自身难以克服的短板。这也正是执行高手在信息传达方面的高明之处。他们的高明在于根据具体的情景做出自己的最优选择，并明晰该选项的短板所在，未雨绸缪，做到最大限度的止损。记住，只有尽可能高效的选项，而没有百分之百完美的选项，这才是管理的真谛所在。

告别差不多，差一点就等于零

在跟咨询者进行沟通的时候，经常会提起一篇有趣的文章，这篇文章就是胡适先生的《差不多先生传》。这篇《差不多先生传》就是活脱脱的管理学寓言，生动而又深刻。胡适先生在开篇就有这么一句话说：你知道中国最有名的人是谁？……他姓差，名不多，是各省各县各村人氏，你一定见过他，一定听过别人谈起他。

这几句话说得非常风趣，但是又非常真实。我经常对那些咨询者说，如果用胡适先生的这几句话来观照我们的企业、我们的团队，是不是也会深有同感？没错，我们的团队当中从来就不缺乏这样的"差不多先生"。而且这样的人往往还具备较强的能力和潜力，一个任务他可以轻松地完成八九分，却往往在胜利在望的关键时刻止步不前，让管理者扼腕叹息，成为管理者眼中的鸡肋型的员工。弃之可惜，毕竟他的能力还是不错的；但是用之又觉不足，就是欠缺的"那一点"无限放大了他的使用风险。

曾经有朋友分享过一个自己的故事。有一次他在本地非常有名的一家饭店宴请他生意上的伙伴。专门负责他们这个包间的服务员，动作非常熟练，态度也非常热情、礼貌、周到，从一开始安排他们就座，到后来给他们介绍这家饭店的几道特色菜，再到后来的上菜和对每一道菜品的详细介绍，都显得落落大方，如数家珍。这样周到而又大方的服务让这些合作伙伴感到非常满意，同时也让他觉得很有面子。然而等到大家酒足饭饱准备离场的时候，他突然想起来自己点的一道特色菜还没有上，就问旁边的服务员他点的这道菜为什么还没上。

　　其实这时候饭局已经接近尾声，他也没有非要吃这道菜的意思，只是询问一下，希望得到一个合理的解释。但是，服务员当时的反应却出乎他的意料。服务员拿着手里的单子看了一下，非常严肃地跟他说："我单子上并没有写这道菜，肯定是你没点，你如果点了的话我肯定会记在单子上。"这样的回答，让他觉得有些意外，面子上也有些挂不住。但是他没有再纠结是谁的责任，而是顺势又问了一句："你看现在应该怎么办呢？"

　　他之所以这么做完全是为了缓和一下稍显尴尬的气氛。另外，之前小姑娘给他的印象也的确非常好，所以他并不打算对这个问题进行深究。这时候这个小姑娘如果说："您需要的话，我马上通知厨房，尽快给您上菜。"他很有可能呵呵一笑也就过去了。但是，这个小姑娘却非常认真地看着那位朋友，说："那你说呢？"这一下包厢里的气氛就变得比较尴尬了，朋友看了看眼前的小姑娘，没再多说什么，把众人引出了包厢。但是从那以后我的这位朋友就很少再光顾这家饭店了，即使去了也绝不再让这个小姑娘负责他们的包厢了。

　　后来这位朋友说，他并不认为这个小姑娘的业务不熟练，或者说，她的服务态度有多大问题。之所以出现这么尴尬的局面，很有可能是因为她看到客人酒足饭饱，准备离席的时候就以为自己的工作已经完成了，下意识地就把自己的状态做了一个调整，调整之后的状态跟之前已经不在一个水平上了。她缺的是最后完成临门一脚的耐心。她的失误就是因为这种"差不多"的心态。这一点，我深表认同。

这是差不多的一种原因，缺乏凡事做到极致的心态。在我们的工作当中还有一种差不多，则是因为粗心大意，缺乏对细节的关注。

曾经有一家从事机械制造的企业，跟德国的一家公司谈合作事宜。如果合作成功，这家企业将能够利用引进的外资进行新一轮的项目研究与开发。在洽谈的过程当中，这家德国企业提出要到该企业进行实地考察。这家公司就派出他们的业务骨干，带领德国的考察团到生产现场进行实地考察，负责对考察团的讲解。一切都进行得非常顺利，但是当考察结束的时候，这位业务骨干在厂房里吐了一口痰，并随意用脚蹭了一下，然后带领考察团离开。在考察团回国后不久，这家公司就收到了德国公司取消这次项目投资的通知，原因竟然是这位业务骨干随意吐在地上的那口痰。

除此之外还有一种差不多，也是必须引起我们的团队管理人员足够重视的。经常听到一些管理者抱怨自己的员工，当他们询问下属的工作进度时，他们往往会回答："完成得差不多了。"到了项目结束的时间，等他们交付成果的时候，才发现这哪里是什么差不多呀，简直是差得太多了。有些甚至完成得还不足工作量的一半，更有甚者竟然只是刚刚开始。这种情况最让管理者措手不及，后续的所有工作都会被迫延迟，整个团队的协作进程都会被全部打乱，而且很难做出有效的补救措施。

不管是缺乏凡事做到极致的心态、缺乏对细节的关注抑或是责任心缺失的敷衍都是对高效执行的极大的背离。这样的团队的执行力是要大打折扣的，这样的员工即使能力再强也终究会被边缘化，甚至出局。作为团队的管理者更是非常有必要让员工意识到，我们的工作当中不允许出现差不多，差一点就完全等于零。这一点要完全渗入员工的意识当中，当然最好先落实到绩效的考核上。只有完成和没完成，只有做到和没做到，没有差不多的选项。当在工作进程中听到"完成得差不多了"这样的回答，一定要狠一点，要求员工必须给出数据化的回答，完成了多少？百分之三十？百分之五十？或者百分之几十？只有管理者狠一点，在过程中要数据、考核时要结果，从制度、语言和意识中全部消灭差不多，才能得到一支高执行力的团队。

三 "不"原则狠抓执行过程

有些执行我们做起来会感觉很轻松，并能够得到自己想要的结果；但是有些执行我们却觉得很吃力，也多半不会把目标变成现实。其实，但凡我们觉得实施起来非常吃力的执行，并不仅仅是因为事情本身有多难，而是因为，我们执行人员的内在能动性不够。这种能动性的不足会极大地放大我们所执行任务的困难度。这种内在能动性的不足，在执行过程中的具体表现一般来说有三个，分别是推诿、拖沓和空浮。

我们首先来说说第一个——推诿。但凡拥有推诿心态的员工，我们很难要求他具备多强的执行力。这样的员工巴不得把所有的责任全部推给别人，包括在他职责范围之内的事情。为什么会有那么多人喜欢推诿呢？原因无非有两种，要不就是嫌麻烦，怕累；要不就是怕承担责任，怕亏。

某家银行的办事大厅突然间变得嘈杂起来，有一名中年男子对着办理窗口大声地说着什么，情绪显得非常激动。周围排队的人也都把目光集中到这名男子身上，甚至有几个人围拢过来。场面渐渐变得有些失控。这时候，大堂经理赶紧过来询问情况。原来这位客户是想要兑换外币，但是由于心急，在签支票的时候，一不小心把自己的名字写错了位置。服务人员看到这张名字填错了位置的支票，表示填错的支票无法办理兑换，要求客户重新签一张支票。这让客户感到非常焦躁，因为他只带了这一张支票，于是他便大声地责怪服务员为什么不事先告诉他正确的填写位置。服务人员也觉得自己很委屈，在里面小声地嘀咕：明明是自己写错了，还要怪别人。客户听到服务人员的抱怨，情绪就变得更加激动，在窗口外大声嚷嚷着要打电话投诉银行。这位大堂经理在了解事情的经过之后，一边安抚客人不要着急，一边打电话给银行，询问解决的方法。

其实，最后解决的方法不像原来想象的那么困难，客人不需要重新填写支票，而只要在正确的位置上再写一下名字就可以了。很多时候就是这样，事情解决起来，并没有我们之前想象的那么困难。但是作为执行者，我们要先有承担责任、解决问题的意识。而这位服务人员首先想到的却是客人填错了就应该由客人来承担责任，而不是想办法来解决问题。大堂经理和服务人员的区别，就在于一个急着推卸责任，另一个想着解决问题。

执行力大打折扣的第二个原因是——拖沓。有很多任务在一开始的时候是没有那么困难的，但是如果不在接受任务之后立刻开始自己的行动，原本简单的任务也会变得困难越来越大，到最后就成了一项不可能完成的任务了。如果因为拖沓而错失了执行的时机，到最后只能是两种结果：要么因为完成的可能性极低而选择放弃，要么就会因为时间过于仓促而完成得漏洞百出。不管是哪种结果都会让执行力归零。

现实工作中经常会遇到交代下去的任务，结果下属两手空空来见的情况。而且但凡这样的任务，一般都不是给员工留的时间太短，而是太长。作为领导者来说，我们不太会给下属安排没有预留时间或者时间过于仓促的任务。因为我们深知，给下属安排没有合理完成时间的任务，结果要么是没做完，要么是没做好。这都不是我们想要的，这是一种非常不明智的做法。但是我们给的时间如果太长，如果是一位习惯拖沓的员工，我们则很可能会收到根本没来得及做的结果。

　　某企业的老总在召开周一的全体会议以后，交代秘书把会议的记录整理好第二天交给自己。这并不是一项很难的任务，秘书也这么觉得。任务很简单，时间很充足，秘书就先忙别的事情去了，一直到下班也没开始整理。下班后有朋友约去吃饭，秘书又想：这么简单的事情睡觉之前抽出一点时间就可以完成了。结果因为在饭局上多喝了几杯，昏昏沉沉的她完全忘记了整理会议记录的事情，第二天只好两手空空地去见老板。

　　这个过程中，秘书的问题在于自己的拖沓，办事效率不高。但是从管理的角度来说，如果当时老板的要求是："你把会议的记录整理一下，一个小时以后交给我。"那么无论如何，秘书是绝不可能两手空空来见老板的。作为员工我们当然要拒绝拖沓，但是对于一个优秀的管理者来说，我们有必要在事情开始的时候就考虑到这一点，并尽量避免这种情况的发生，不给员工拖沓的机会。这就要求我们在安排任务的时候狠一点，在合理的范围内不给他们过多的时间。我们都希望自己的员工具备立即执行的好习惯，但不能预想这样的好习惯他们已经具备了，或者是他们人人都具备。这是所有够狠的管理者在面对员工时的一种正确的思维方式。

　　除了推诿和拖沓之外，空浮也在很大程度上影响着我们团队的执行力。拥有超强执行力的团队都是因为拥有一批能够脚踏实地、能够把工作落到实处的执行者，尤其是团队的领导者。著名的职业经理人李开复先生就是这么一位实实在在的团队管理者。他在团队的项目决策上一贯坚持以实际的效果作为选择的基本依据。

当年，李开复从中国回到微软总部后，发现他所接手的部门有一个方向上的偏差。这个开发团队具有一流的研究和开发能力，当下开发的几项技术看上去也非常棒，用当时团队成员的话来说就是非常"酷"。但是李开复在接手后不久就把这个看起来很"酷"的项目开发给终止了。终止的原因就是这个项目看起来很"酷"，其实是有些空浮——开发团队没有把用户的需求放在第一位。

那么，李开复又是根据什么断定这些看上去很酷的项目就没有好的发展前景呢？当时这个团队当中就有人这样问过李开复："你怎么能够确定你自己的选择是对的？"面对这样的质疑，李开复又讲了一个自己亲身经历的事情。

原来在SGI公司任职时，他就曾经带领过一个200多人的团队，研发一套在当时看来是世界最先进的三维漫步技术，并获得了成功。运用这套技术，用户能在十年前的硬件上营造出美丽的三维效果。但是技术研发的成功却成了这个团队的噩梦，最终生产出来的产品根本没办法利用公司现有的营销渠道，产品对硬件和网络的要求跟公司现有销售渠道上的客户的承受能力严重不匹配。无法顺利被现有客户接受的技术，即使再炫、再酷也不会有一个好的结果。根本原因就是项目过于空浮，没有考虑用户的现状和市场的需求，开发出来的三维体验虽然很棒，但是没有一个准确的特定客户群。

这件事情最终的结果就是项目被迫取消，技术被公司出售。这个团队当中所有的人员都需要重新考虑自己的出路，有不少人因此而失业。这让李开复深受打击，不过也让他从此记住了一个基本原则，那就是不管是项目的制定还是执行，都必须做到脚踏实地，把工作的每一步都落到实处；如果不能做到这一点，那么干脆不做。

狠抓执行，离不开狠抓执行的过程，过程抓稳抓实了，执行的结果才能得到保证。否则，再好的规划和战略也只能是一纸空文。对执行过程的关注，就要坚定不移地坚持"三不"原则。只有团队的执行者严格做到了在执行过程中的绝不推诿、绝不拖沓、绝不空浮，这个团队的执行力才算是真正得到了提升。

执行狠角需要更狠的时间管理体系

我们先来分享一个故事，这个故事不是我遇到的也不是我身边的朋友们经历的，同样也不是我的咨询者告诉我的，是我在某位前辈的著作中读到的。它是一个真实的故事。这个故事是关于美国著名的效率专家艾维·利的，他曾经帮助美国本土和境外的很多企业员工提升工作效率，并因此获得了非常高的声誉。其中最为效率管理专家们所津津乐道的就是他与美国伯利恒钢铁公司总裁查尔斯·舒瓦普的故事。他为伯利恒钢铁公司所制订的效率提升方案，也成为现在很多效率达人沿用至今的高效时间管理体系。

打算向艾维·利寻求帮助的时候，查尔斯·舒瓦普所管理的伯利恒钢铁公司已经濒临破产。坦白说，舒瓦普并不是一个不懂得如何管理的人。但是，一个不容置疑的事实就是公司的状况一日不如一日。所以说，查尔斯·舒瓦普约见艾维·利的目的非常明确："应该做什么？我们自己是清楚的。如果你能告诉我们如何更好地执行计划，在合理的范围内，价钱由你来定。"

面对查尔斯·舒瓦普的开门见山，艾维·利沉默了十分钟之后说他可以给舒瓦普一个方案，如果舒瓦普能够完全按照这个方案去做的话，公司目前的业绩至少可以得到百分之五十的提升。随后他把一张空白的纸递给舒瓦普并且告诉他："请在这张纸上写出你明天不得不做的六件最重要的事情。记住，是最重要的。"

等舒瓦普把他认为第二天要做的六件重要的事情写在纸上以后，艾维·利又提出另一个要求："把这六件你认为重要的事情，用数字标出重要性次序。"

经过几分钟的仔细思考以后，舒瓦普在他列出的六件事情的前面都标上了一个数字。这时，艾维·利并没有接舒瓦普递过来的那张纸，而是笑着对舒瓦普说："你现在要做的就是把这张纸放进你的口袋，接下来才是事情的关键。记住你明天早上到公司的第一件事情就是对照着这张纸，做这上面标好的第一重要的事情。这件事情没完成之前，绝对不要考虑其他的事情。直到把第一重要的事情做完，才能考虑第二重要的事情。然后依次是第三重要的事情和第四重要的事情……把这六件事情全部做完之后才能考虑其他的事情。不用担心你一整天只完成了一件事，因为你完成的是对你和公司来说第一重要的事情。这依然是你目前最好的选择。这样一来，你每时每刻都在做着当下最重要的工作。"

这个方案听起来并不是多么复杂，做起来难度系数也不是很高，却并不是任何人都能够做到的。能够做到这一点的都是够狠的角色。因为在初始阶段执行者要靠超出常人想象的意志力才能遏制住自己在第一件事情没完成时就开始考虑下一件事情的冲动。做不到这一点就很难排除其他事情对自己的干扰。这一点艾维·利在给出方案的同时也做了特别的说明："每一天你都要这样做，等到你对这种方法的价值深信不疑之后，再让你公司的其他人也这么干，这个实验你爱做多久就做多久。"

从艾维·利的话中我们不难看出，这个方案的实施也是需要一个过程的。首先要执行者对这种方法的价值深信不疑，并坚持做下去，直到用事实向自己证明它的价值和可行性，然后再在自己的团队中把这种方法推广开来。这个过程不是谁都能坚持下来的，但是舒瓦普不是普通人，他深信这套方案的价值，并用实际行动向自己证明了这一点，还让自己的团队也做到了这一点。

这样做的结果就是，在短短的几年时间内伯利恒钢铁公司从一个濒临破产的小钢铁公司一跃成为世界上最大的独立钢铁厂。当然在这之前，艾维·利早就收到舒瓦普寄给他的25万美元的支票和一封感谢信。舒瓦普在信中说和艾维·利不到半个小时的会面是他一生中最有价值的一堂课。

其实有着跟舒瓦普同样苦恼的管理者，多得简直不可胜数。他们的境遇就像舒瓦普一开始对艾维·利所说的那样：应该做什么，我们自己是很清楚的，但是我们不知道怎么做才能在最短的时间内完成既定的目标。但是跟舒瓦普不一样的是，我们身边缺少一位"艾维·利"这样顶级的效率专家来帮助我们。如果你也是这样想的话，那么我这里就有一个好消息要告诉你了：艾维·利的确不在我们身边，但是艾维·利的高效时间管理方案我们已经做了更进一步的总结和提炼，所以我们现在已经拥有了一套更加完备的时间管理体系了。并且到现在为止，这套高效时间管理体系的价值也已经被很多优秀的企业所验证。我们接着分享。

艾维·利的高效时间管理体系经过进一步的总结提炼之后，效率管理人士将它细分为三个法则，分别是6件事法则、要事法则和15分钟法则。

6件事法则就是将一天中重要事件进行梳理的工作，把第二天所有需要处理的事情都在脑子里面过一遍。然后选出价值较高的6件事情，并把它们清晰地写出来。其实就是一个要事备忘录的形式。我们通过这种形式告诉自己，我们这一天需要集中绝大部分的精力来完成这些工作，让自己不要受其他一些不重要的事情干扰。

要事法则的核心就是保证自己每时每刻都在做当下最重要的事情。这就需要把相对重要的6件事情再重新梳理一遍，按照重要的程度进行排序。然后从最重要的事情开始做，做完第一重要的事情再考虑排在第二位的，依此类推，把6件重要的事情全部做完。

15分钟法则的关键是要在头一天下班前完成，以确保第二天一早就能对一天要做的事情有个非常清晰的先后顺序。至于是不是15分钟并不是非常重要的，如果对第二天要做的事情思路比较清晰且重要程度比较容易区分的话，也许10分钟之内就可以完成。否则，也许需要20分钟来完成，不要在这个时间上过于纠结。重要的是保证第二天醒来时一天要做的事情和事情的先后顺序已经非常清晰了。

这就是经过总结和提炼的艾维·利高效时间管理体系。那么是不是只要团队的所有成员都能严格按照这个时间管理体系的要求去做，团队整体的执行力就有机会提高百分之五十呢？没错，甚至还有可能更高。但是这里面还是有玄机的，毕竟在明白艾维·利时间管理体系之后还是有很多的团队并没有取得预期的效果，甚至根本没什么效果。这并不是说刚才的那句话说得不对，而在于当中的那个"只要"的部分真的很难实现。因为艾维·利的时间管理方案的核心在于独立的时间块，就是用一段完整的时间集中所有精力完成最重要的事情，这期间需要保证自己不受其他事情的干扰。要知道艾维·利给舒瓦普制订这个方案到现在已经过去了一百来年的时间，当下管理的一个基本事实就是我们的时间已经被严重碎片化了。在时间高度碎片化的今天完全按照自己的时间管理体系做事而不受干扰确实是一件很不容易的事情。

但是这也并不意味着艾维·利的时间管理体系已经过时了。越是在时间被碎片化的时候越是要尽我们所能把自己的时间重新整理，把时间模块化。毕竟，完整的时间块是高效执行的必要基础。我们需要做的就是为这个高效时间管理体系打上一个必要的"补丁"，让它更加契合当下的管理现实。有几个必要的补丁我们一起来分享。

1. 认识时间模块化的价值

当下的管理界对高效执行还存在一些认知上的误区。有些管理者认为高效执行就是要利用每一分每一秒的时间，每分每秒的时间都用来工作才是对时间的最大化利用。我们不妨自己设想一下，有一篇需要三个小时可以完成的文章，如果我们把这三个小时分散到6天内，每天拿出半个小时的零散时间，在这被碎片化的三个小时内，能不能把这篇文章完成？长期的实践经验告诉我们，这种概率是非常低的。因为每当我们坐下来准备写作时都需要重新思考一下原来的构架，重新熟悉已有的资料，找回先前的思路。等到这些事情做完，很可能已经耗费了十分钟甚至更多的时间。这个时间，我们称之为启动时间。启动的时间可长可短，但是绝对无法避免。这就是时间碎片化的弊端和模块化时间的价值。

2. 重建新型沟通模式

重建新型的沟通模式，是为了解决无时不在的沟通对时间模块化的干扰。因为在传统的沟通模式下，沟通具有非常强的实时性。也就是说，如果要对一个问题进行沟通，沟通的双方就必须同时关注这件事情，否则沟通就不能形成。如此一来，就与模块化的时间管理体系形成了很大的矛盾。这就需要我们在模块化时间的原则上重新构筑沟通模式，把这些意外或偶发事件集中起来，形成一个独立的时间块，可以把原来的6件事法则更改为5件事法则。其核心就在于保证时间模块化的成立。

3. 时间管理的透明度

对于所有的管理工作者来说，我们都身处于一个关系错综复杂的人际网络当中。在这个网络当中，每一个个体的时间管理规划都会对其他成员构成一定的影响。如果大家都各行其是，那么相互之间的时间规划就难免会发生碰撞，也许你正在集中精力完成你今天最重要的事情，你的同事偏偏跑来要跟你就某一问题进行沟通。这就需要团队的每一位成员的时间管理规划有一定的透明度。在掌控自己的时间规划的同时也要了解团队其他成员的时间安排，如此一来，我们便可以轻松地判断什么时间集中精力做最重要的事，什么时间用来沟通。

掌握艾维·利的高效时间管理规划的真正意义是了解时间模块化的价值。了解艾维·利高效时间管理体系的三个补丁是为了在当下管理现实中发挥它的最大效用，以解决那个"只是"的最大难题，确保团队的每一个成员每天都在做最重要的事情。如此便可打造一支拥有超强执行力的团队。

第三章

狠在奖惩，奖要奖得心动、罚要罚得心惊

想要奖惩发挥出最大的效用，管理者就必须掌握自我奖惩模式的开关——积极归因。训练员工按照积极归因所列的因素和顺序寻找事情成败的原因所在，帮助员工一起开启自我奖惩模式。

奖要奖得心驰神往，罚要罚得胆战心惊

团队的管理，离不开奖罚。奖罚是对员工最直接也是最有效的激励手段，而奖罚的最大忌讳在于不痛不痒。在对员工的奖罚上放不开手脚，硬不起手腕，则奖不能积极引导，罚不能有效禁止。不但如此，还很有可能起到相反的作用。两根棒棒糖式的奖励不能激起员工更大的工作激情，反而会使他们觉得付出的努力过于廉价而看不到未来的希望，索性不如不做。那种三毛钱一样的处罚，也会让员工觉得没什么大不了，反正犯错和偷懒的成本很低，倒不如让自己过得更加惬意一些。

米勒先生是一位非常优秀的人才，他在石油行业中有着非常丰富的工作经验，被保罗·盖蒂请到自己的公司并委以重任。保罗·盖蒂的团队现在的状态非常让人担心，员工的工作积极性普遍很低，人员和机器闲置的情况非常严重，工作进度慢得不可思议，整个油田的利润也是越来越低。保罗·盖蒂满心指望因为米勒的加入而使得公司的整体面貌能

够得到较大的改观。米勒到任后的一个星期，保罗·盖蒂来到米勒工作的洛杉矶郊外。但是他看到的一切让保罗·盖蒂有些不敢相信：米勒正坐在自己的办公室里悠闲地看着报纸，工地上员工还是那么不紧不慢地干活，丝毫看不出一丁点的改变。

"可能是他来的时间还短，他需要时间来熟悉这里的一切，毕竟才刚刚过去一个星期的时间。也许是我太心急了。"

保罗·盖蒂在心里这样安慰自己，然后开始跟米勒谈起公司里存在的各种问题，并请米勒务必对这些问题出台相应的改进措施。而米勒也痛快地一口应允了。这之后又过了一个月，保罗·盖蒂感觉时间已经差不多了，一个月的时间也够米勒用来做出些成绩了。但是现实让盖蒂再一次感到了失望。这样的情况让他失望透顶的同时又感到非常愤怒。他相信米勒是有足够的能力改变这一切的，但是他竟然什么事情都不管。这也太不像话了。盛怒之下，盖蒂严厉地批评米勒。面对盖蒂的指责，米勒还是一副漫不经心的样子："每天安排好每一个下属的工作，保证他们每天都有事情做。我觉得我做得已经够多了，这正好符合我目前的薪酬标准。不然，您还能指望我做得更多吗？"

几天以后，盖蒂把米勒的薪酬提高到原来的三倍，条件是米勒必须在两个月之内改变目前的这种状况。他告诉米勒，如果任务完成得出色，他还可以考虑把米勒的薪酬再往上提一些。这一次米勒的状态跟之前简直判若两人，办公室里很难再看到他的身影了。更多的时间他都跟工人待在一起，随时监督和指导他们的工作，并对原来的工作环节重新做出了调整。还没到他们约定的两个月时间，整个油田的面貌就已经发生了翻天覆地的变化。

中国有句话叫作"重赏之下必有勇夫"。这句话不管放到哪里，它的作用都是不会变化的。两千多年前，当商鞅想在蛮荒之地的秦国实行变法的时候，第一时间想到的也是奖赏，并且是很重的奖赏。如果不是他一步一步地把奖赏的筹码加到了让所有人都心动不已的十金的话，那他放在南门的那段木头也就只能孤零零地立在那里了，自然也就不会有后来的立法和变法的事情了。

正所谓"赏善而不罚恶，则乱；罚恶而不赏善，亦乱"。奖赏和处罚一向都是相辅相成的。不管是只奖不罚还是只罚不奖，都会导致团队管理的混乱。对员工的奖赏激励要够狠，当然也不能在处罚上手软。

有一家IT企业由于专业技术人员的紧缺，就花大力气挖来一名业内权威的信息技术专家，并给他非常优厚的待遇。但是工作一段时间以后，这位被公司寄予厚望的专家并没有做出什么有价值的事情，反而因为他的傲慢和粗心而造成了几次技术事故，给公司带来不小的损失。公司的老员工们担心这样下去会给公司带来更大的伤害，建议领导立即开除这位眼高手低的所谓的专家。但是公司的领导碍于面子，只是找这位专家谈了个话就算是处罚过了。这种不咸不淡的处罚并没有引起他的足够重视，他还是一如既往地傲慢和粗心。结果后来因为他的又一个过失让公司失去了一个非常重要的客户，而且因为自己的意见不被采纳，有几位优秀的老员工也离开了公司。直到这时候，经理才下定决心把那位所谓的专家开除出了自己的团队，但是对公司造成的伤害却已经无法挽回了。

"重赏之下必有勇夫，重罚之下必有畏者。"只有坚持奖罚两手抓，而且两手都过硬，才能有效地激活团队的战斗力。对于那些富有进取心、不满足现状的员工，需要靠重赏来激起他们更大的工作热情和更高的工作效率。但是有些员工是懒散惯了的，仿佛已经到了无欲无求的境界。对于这些习惯于混日子的员工，就只能靠足以让他们胆战心惊的处罚措施来刺激他们了。而能把握"奖就奖得心花怒放，罚就罚得胆战心惊"原则的，就不得不说任正非的华为团队了。

众所周知，华为员工的工资待遇是非常高的，奖金更是高得吓人。华为的工资对于年轻人来说相当可观，如果业绩好的话，刚大学毕业的新员工，第一年一般可以有10万~15万元的综合收入。但是工资只占每人现金收入的几分之一，这已经不是他们收入的主要成分，因为每年他们一般都可以享受到相当高的分红和奖金。

除了真金白银的奖励，还有多途径的晋升通道作为奖励。而且华为是把职位高低和收入捆绑在一起的，比如工资奖金、配股的额度和等级都和职务密切挂钩，高职位上获得的收入将是基层职位收入的若干倍。因此，晋升不仅是对精神上的鼓励，而且意味着实实在在的物质奖励。

不过相对应的，对于犯错误的员工，华为的处罚也是绝不含糊的。公司有非常严格的行为准则和规章制度，无论员工的职务有多高、资历有多深，不论是什么人，只要违反了这些规章制度，就会受到严厉的处分。华为一位国内市场的元老，曾经是不折不扣的销售状元，曾创造了一个省销售10亿元的纪录，是老板非常器重的一员战将。有一次休息时，他偷偷地和同事们打麻将，老板知道后给予所有参与者通报批评和降薪的处分。

2006年，华为在抓信息安全工作中公布，将会实施非常严格的制度。一开始大家也没太当回事，但是公司很快就抓了几个典型。公司信息安全部将一些主管违反管理规定的记录报告给了老板，公司马上做出对这些人进行通报批评和降职的决定。其中就包括一个公司的常务副总裁，而他所犯的错误只不过是忘记在出门之前把笔记本中处理过的一些信息删除。华为的规定面前真是人人平等，从此再没有人轻视信息安全制度了。华为这种降薪是真金白银动真格的，每个月都要减少收入，不怕你不在意。

坚决抵制"法不责众"

　　有一家规模并不算大的公司，员工总数不超过一百人。但是就是这样的一家小型公司一年之内竟发生了数起群体性事件。先是集体性的抗命，有特别着急的项目需要加班时，整个部门一个人都不会到。后来就是集体的示威，一旦对公司或者管理者有什么不满，就会集体找领导谈话。这时候全部门员工则会一个不落。公司的三个部门均无一幸免。我了解后发现，这家公司的工作压力并不算太大，而他们的待遇在行业当中属于中上偏高的水平。为什么这样一家规模不大、工作压力不大、待遇也还不错的公司会如此频繁地出现群体性事件呢？这简直就是一言不合就罢工的节奏。

　　一开始我们的判断是这家公司的问题会不会出在奖惩措施的缺失上，后来我们了解了一下这家公司的奖惩制度。十多页的奖惩制度表，捏在手里还是挺有分量的。这份制度表上可以说是方方面面事无巨细的奖惩措施都列得井井有条，该奖的奖、该罚的罚，力度也不可谓不重。

难道说这些奖惩的措施都是一个摆设吗？很可能是这些制度在执行方面出了问题。然而，跟这家公司的管理人员聊天中发现，他们还是挺重视这些制度的执行情况的。对于那些违反公司制度的情况，他都是按照规定来执行的。这就让人非常不解了。

"这么多次的群体性事件，你们都是怎么处理的？"

"这还能怎么处理？一两个人犯错，或者一部分人犯错我都可以严格按照处罚的规定来执行。但是一旦发生群体性事件，公司的员工基本上都是参与者，我能怎么办？难道要把所有人都处理掉吗？"

没错，在奖惩实践中最令管理者头疼的就是这种"违反规定的并不是少数人，而是大多数人"的情况了。面对这样的情况，一般的管理者都会变得有些犹豫。哪怕他平时对制度的执行一贯严格，这时候都有些狠不下心来。这时候他们通常会在三种选项中做出选择：

（1）根据"法不责众"的传统理念，轻描淡写地走一下过场，然后就是不了了之。

（2）根据"主犯从严、胁从不问"的原则，只处罚几个领头的，其余的人不做处理。

（3）百分之百执行公司规定，不管违反规定的人有多少，一概按公司的规定进行处罚。

第一种做法是没有任何作用的，这其实就是一种妥协。就算是给予了一定的口头警告，也不会有任何的效果。要知道当公司的警告是面对一群人的时候，所有的被警告对象都会下意识地认为警告是说给别人听的，跟自己没多大关系。这样的不处罚无疑是一种变相的鼓励，有了第一次就会有第二次，接着就是第三次，并且会一次比一次严重。

第二种做法有些管理者非常赞同，说这样既坚持了原则又不致打击面过大，是对团队管理影响最小的一种处罚方法，简直就是上上之选。这种说法理论上没错，但是实际上那些所谓的"主犯"通常是不会浮在水面上的。经验丰富的管理者都会明白，这时候表面看起来他们犯的错误都是一样的，很难分出来哪个轻一些、哪个重一些，而且站出来说话的大多会是一些职场新人，那些职场"老人"基本上不会在这时候充当先锋的。如果据此对那些站在最前面的人进行严厉的处理，而放过其他人的话，那只能是适得其反。但是明察暗访又是处理这类事件的大忌。因为这需要耗费管理者太多的时间和精力，等时间过去很久了再做处理，即使力度很大，效果也不会理想。

但是第三种处理方式很多人都怀有疑虑，有比较多的不同声音。最典型的说法就是会激起员工对管理者的不满，担心以后管理者的工作会更加难做。要知道这么做是有现实依据和制度依据的。现实依据就是他们真的是犯了错误，违反了公司的规定。这是个既定的事实，不会因为犯错的人数多少而改变，这一点员工心里其实是很清楚的。对这样的错误应该怎么处理，公司是有明确规定的，而且肯定也会有这样处理的先例，这一点员工心里也不会不明白。这种情况下大多数员工其实就是一种盲从和侥幸，觉得反正有这么多人呢，就是真的被处罚了又不丢人，万一领导妥协了呢，那就可以免予处罚了。

所以，正确的做法就应该是第三种，要对谁进行处罚，进行什么样的处罚的依据是他因为什么犯错，犯了什么样的错，而不是犯错的人数多少。当然，如果是事情刚刚开始，尚未造成多大的损失，就可以严令其立即改正，对于仍不改正的那就必须严肃处理，绝不能手软。

对于这一点，著名职业经理人，曾在四通、华为和利得华福等顶级企业任职的李玉琢先生的做法就非常值得我们学习。

李玉琢先生刚刚到四通集团的时候，他的职位是集团生产部的部长。但是他到任后不到一个月的时间，就发生了工人集体罢工的事件。原因是一个新员工在得知他们的工资待遇和比他们早两三年的老员工之间存在着较大差距的时候，心里感觉非常不平衡。然后这些感觉不平衡的新员工，就开始煽动其他车间的一些新员工一起参与罢工。李玉琢赶到车间以后先是对工人进行了劝说，但是没什么效果。他又仔细考虑了一下这些新员工的待遇问题，觉得没什么不合理的地方。然后他就果断宣布：公司不会给新员工增加工资，如果罢工的员工不马上复工，就坚决予以开除。

决定宣布以后，在很短的时间内绝大多数参加罢工的新员工都迅速回到了自己的工作岗位，当然还是有些人是拒绝复工的。对于这些人，李玉琢当即做出了开除的决定。这件事情在工人中引起了不小的震动，从此以后再没有人敢抱着侥幸心理提不合理的要求了。

管理就是这样，领导要琢磨着员工的种种。与此同时，更多的员工也在寻找公司和管理者的漏洞和软肋。如果没有处罚，管理者怕什么，员工就会给你什么。你"法不责众"，员工动不动就会集体犯错甚至集体抗议、集体威胁。我们一开始说的那家公司，他们有一次是市场部的员工向领导抗议，策划部竟然有很多人也参与了。我私下里问过他们策划部的人：

"这个事情跟你们部门没有多少关系，你们没有理由参与的呀？"

这个策划部的主管笑得有些尴尬："市场部的主管跟我们关系还不错，他打招呼了也不好意思不管，反正又没有什么损失对吧？就是过去凑个人数嘛，又不用做什么。再说了，以后我们要是有什么事儿，他们也还能帮我们一把……"

听着觉得有些不可思议是吧？但是这就是员工自己的逻辑，管理者有管理者的思维，员工有员工的逻辑。你不做处罚，就是一种变相的鼓励，到了这种程度，所有管理者担心的事情员工基本上都会去做，而且还是成帮结队地去做。

其实关于法不责众的问题，李玉琢先生说得非常深刻：对于工作中的很多事情，大家都看得很清楚，也都知道该怎么办，但有的人敢做，有的人不敢做，差别就在于敢还是不敢。

没错，差别在于敢还是不敢，面对犯错的人是大多数的时候，管理者何去何从，就看你够不够狠了。

找准员工的需求痛点

张华是一名从美国回来的留学生，回国以后，凭借自己扎实的外语功底在一家公司做翻译工作。虽然刚进公司不久，但是由于出众的工作能力和诚恳的工作态度，他深得领导的器重。不到一年的时间，张华已经得到了三次加薪的机会，获得了多次现金或物质方面的奖励。对于公司给张华的这种优厚的待遇，其他的同事羡慕不已。

但是令所有人都没有想到的是，年终的工作结束之前，张华把一份辞职信交到了经理的手中。张华的这一举动令经理很是意外，当得知张华是要去另外一家同类公司上班之后，经理表示，不管对方给张华开的工资是多少，公司都愿意出比对方高百分之十的薪资。张华的回答却让经理又一次感到意外。张华表示，他之所以考虑去另外一家公司，并不是因为对方给出的薪水有多高，实际上对方开出的工资还没有公司现在给他的薪资那么优厚。对方公司真正吸引他的是每年为期一个月的休假。他的父母至今还在国外，而在留学期间，他也在美国结交了不少朋友。这一个月的假期，他刚好可以去美国跟父母和朋友们团聚。这才是他考虑离开的真正原因。

不难看出，对于张华来说公司给予的已经不少了。当然这一切都是建立在张华优秀的个人能力基础之上的，而公司对于优秀者在奖金方面的奖励力度也是有目共睹的。但是这样大力度的奖赏并没能把优秀的人才留住，反而是出于别的原因使得张华决定离开公司。这就引出了影响奖罚激励效果的除了力度之外的另外一个重要因素——员工的需求痛点。员工的需求痛点是管理界借鉴营销领域的"痛点营销"的思维结果。在痛点营销中的"痛点"指的是消费者在体验产品或服务过程中期望没有得到满足而造成的心理落差或不满。这种不满最终在消费者心中造成负面情绪爆发，让消费者感觉到痛。

同样，我们团队管理者在新时代也应该具有这种"痛点"思维。不过在管理的语境下我们所讲的"员工需求的痛点"需要从两个层面进行解读：第一，就是员工需求中渴望最为强烈的点。这个点是我们实施奖励时最为有效的点，是管理者进行正向激励的靶点。第二，就是员工自我意识中最不想被触碰的、最能引起他强烈不适感的点。这是我们在实施负向激励时的爆点。我们在进行负向激励而不得不触碰这个点时，如果不想失去他就要做到慎之又慎。用痛点思维对员工进行奖惩激励，可以让我们的激励变得更加高效、稳妥。

在我们一开始看到的那个案例当中，张华所在公司的经理显然是不具备痛点思维的。他根本就不知道张华的需求痛点在哪里，不知道张华真正想要的是什么，而是想当然地凭借以往的经验对张华进行正向激励，力度不可谓不大，但是到最后却连人都没能留住。

一个人的需求是分为多个层次的，包括生理需求、安全需求、社会需求、尊重需求和自我实现的需求等。不了解员工的需求痛点就很容易用单一的手段来激励需求多样化的员工，这样正中靶心的概率是非常低的。而不能正中靶心的激励不管是奖励还是处罚都是没有多少意义的，很多时候这样的激励还不如不做。

有位做管理的朋友，每当部门业绩好的时候，他都会从自己的奖金当中拿出一部分犒劳大家，请大家吃饭、唱歌，好好放松一下。但是前不久他提到想为自己部门的下属组织一场专业技能的培训，这次技能培训并不是公司安排的，所用的经费是从他最近的奖金中拿出来的。这让人感觉很是意外，这不是他一贯的风格。长期以来他都是习惯于用吃饭、唱歌来犒劳他们的。说到自己的改变，他反而显得有些尴尬。原来，不久前在大家的努力下部门又得到了一次奖励。他感觉这段时间大家都挺辛苦的，就照例想好好犒劳一下大家。临近下班前他让刚汇报完工作的小李通知大家晚上就餐的事情。小李一脸兴奋地刚走出门，就碰上了其他部门的同事。

"一瞧你这表情，准知道你们晚上又有的吃喽。要说你们经理真是不错，总是隔三岔五地就关心一下下属，多让人羡慕。"

"有什么好？还不就是吃吃喝喝那一套？就知道用这些来糊弄我们，要是真关心我们就来点实际的呀。比如说弄个技能培训啥的，不比这个强？还有什么能比提升能力更重要的呢？不仅工资会越来越高，升迁的机会也多了呀。大家不知道有多想参加呢，就是公司的名额太少了。不知道啥时候能轮得上呢。"

"我看，你是想多了吧？想得到这样的机会就怕你的耐心不够用。"

他站在门内听到外面的这番对话，心里有说不出的酸楚。一直以来，他都觉得自己的这帮下属就喜欢这样的犒劳呢，真没想到自己引以为傲的激励竟然起到这样的作用。不过，经过一番思考以后他决定做出改变。不得不说他还是比较幸运的，虽然之前他所采用的激励方式现在已经没有什么效果了，但是他及时找到了员工的需求痛点，这样一来他的激励就可以收到事半功倍的效果了。

华为前副总裁李玉琢先生，在谈到自己离开华为的时候，提到过这样一些细节："我看着这个满脸胡楂儿，高大威严、一般不太理人、说起话来又滔滔不绝、时不时说出出人意料见解的人，心里颇生感慨：做个企业真不容易，抛家舍业，牺牲健康。说起健康，我脑子里突然跑出任正非说过的一句话：'为了这个公司，你看我这身体，什么糖尿病、高血压、颈椎病都有了，你们身体那么好还不好好干？'言下之意，恨不得大家都累倒了他才舒服。当下我心里就想：'任总，你终于如愿了，我现在得了冠心病，莫非你还让我把家也丢了不成？'"

这个细节当中任正非的一番话其实是对李玉琢的挽留和激励，但是为什么在李玉琢的理解中就会变了味呢？在后来面对记者的提问时李玉琢曾经说过："在我看来，健康永远是第一位的，不要家庭、不要健康的社会是危险的。""我们办企业、发展经济，都是为了什么？为了幸福生活。如果工作的结果与幸福生活相差万里，那工作就失去了意义。"

对照着李玉琢的这番话看任正非对他的挽留和激励，就不难猜出为什么李玉琢会做出那样的理解了。因为激励和他的需求痛点之间有着太大的差距，这种跟员工的需求痛点反差明显的激励所起到的作用，大抵也就是这个样子的。

永远不要搞功过相抵

奖惩激励，要求我们员工做出了成绩，我们要给予及时足够的肯定。如果员工犯了错误，我们也要及时地给予相应的惩罚。这一点我们大多数管理者都明白，而且也能做得到。但是如果你遇到的情况是这样的，一个员工几乎在同一时期内既做出了成绩，又违反了纪律，这时候你会选择怎么做？

张亮是北京一家广告公司的策划部主管。前不久，公司接到了一个订单。给他们订单的这家公司是他们期望合作已久的，这家公司在业内是以严谨高效而著称的。在接到这家公司的订单之后张亮就安排策划部的骨干王芳来负责。王芳果然不负众望，通过这段时间加班加点的工作，终于在客户规定的时间内高质量地完成了广告方案的设计工作，并得到对方的高度赞赏。对方的部门经理还专门打电话给张亮，表示对这次的策划方案非常满意，接下来的几个方案还会让他们公司负责。王芳出色的表现，让张亮感到非常高兴，准备为王芳申请奖励。当天下班后，张亮做完奖励申请以后，发现已经过了下班时间，而王芳还在自己的电脑前忙碌着。张亮走近以后发现王芳正在做的并不是公司的项目，而是她自己私下接的外公司的项目。这种情况是公司明令禁止的。王芳向张亮说明这个项目是在兼职群里和别人共同完成的，她只负责项目当中的一部分。那个兼职群里有很多高手，他们给了她很多策划方面的点拨。她上一个项目之所以完成得那么顺利，也在很大程度上得益于那些高手的启发。不管如何，王芳确实是在公司接了私活，这是违反公司的规定的。

如果你是张亮，你会怎么处理？很多人在考虑这个问题的时候，脑海里首先显现的是那句经典的台词："功过相抵，不予表彰。"这种功过相抵，不予表彰的情况，并不只出现在影视剧当中，在我们企业管理的现实当中也并不少见。

那么张亮是不是也该做出这样的选择呢？从情理上看，这是一种非常富有人情味的做法。因为她既立了功，又犯了错。通常情况下这样的人在领导眼中其实很容易被归入能力很强的人的范畴。这时潜意识当中领导会忽视他所犯的错，而认为这是一个好员工。这时候在员工的自我认知当中也会有如此的判断。但是管理者做出功过相抵，不予表彰的时候更多是出于对该员工的保护和爱惜，因为他毕竟是立了功，不想对他进行处罚。但是这在员工的逻辑当中又会不一样。员工很可能会想功过相抵，不予表彰是不想表彰，而不是为了免予对他的处罚。

功过相抵，不予表彰，之后管理者以为跟员工走得更近了，但是其实在员工的心里，反而离管理者更远了。

张亮最终做出的决定是这样的：

（1）由于王芳在这个项目中的突出表现以及为公司和客户以后的合

作奠定了一个良好的基础，对其进行嘉奖，并发奖金800元。

（2）对于王芳违反公司的规定，在公司接私活的行为进行处罚。按照公司惩罚规定对王芳进行通报批评。

惩罚和奖励都是管理者对员工的激励措施，两者相辅相成，各自起着不同的作用。两者缺一不可。现在不少企业不大提倡负向激励，而更多的是采用正向激励。也就是说要尽量只奖不罚，不行就多奖少罚，再不行就功过相抵，不奖也不罚。这当中无论哪一种做法都是违背了奖惩作为两种激励手段之间的那种相辅相成的依托关系的。这样做的结果只能让员工记住什么是应该做的，而认不清什么是不应该做的。对于奖惩一事，只能是当奖则奖、当罚则罚，永远不要搞什么功过相抵。

有一次出差在某大型写字楼下面的饭馆吃饭，听到邻桌的几个人在抱怨自己的领导：

"咱们经理真是抠门到家了，我这次的业绩可是全部门第一哦，不就是跟客户公司的经理吵了几句嘛，有什么大不了的？竟然绝口不提我这个月奖金的事情。我跑过去问他，你猜他怎么说？他竟然说：'奖金没发，但是跟客户吵架的事情我也没有追究呀。'说什么功过相抵，就不奖也不罚了。我看呀，他就是舍不得那点奖金。又不是他自己的钱，那么抠门干什么……"

话还没说完，就被另一个人接过去了："你怎么知道他不是给自己省钱，绩效最高肯定是有奖金的吧？那是公司能看得见的，你跟客户吵架的事经理不说老板能知道？老板是看业绩发奖金的呀，他这一功过相抵，奖金……你懂的……"

稍许沉默之后，第二个人又说："他就是这样的人，你就说我吧，我这几个月虽然业绩不怎么好，但是之前不也有好的时候吗？我还评过优秀呢，他都不记得。我这个月就迟到几次，就开始不停地叨叨。怎么就不记得我的好呢？难怪人家说，这样的人立功十次不记得，犯错一次他就念念不忘……"

他们的谈话瞬间就为我打开了一扇窗，看到的完全是另外的一个世界。那一刻，我懂了……在奖罚这个事情上永远糊涂不得，就得是该奖的一定要奖，该罚的一定要罚。为什么奖？为什么罚？永远清清楚楚，让他既记住了做什么能够得到奖赏，又记住了做什么将要受到处罚。而且不管是奖还是罚，立即兑现。立功十次就奖十次，犯错一次就罚一次。不记账。否则就会成为别人眼中的立功十次都不记得，犯错一次就念念不忘的领导。

踢他一脚，还要带他一起上路

关于奖和罚我们已经说过了一些原则。我们说过不管奖还是罚要想达到预期的效果，就必须有足够的力度。奖要奖得心花怒放，罚要罚得胆战心惊。我们又说要坚决抵制法不责众，一个够狠的团队管理者一定要坚持做对的极少数。我们还说过，当功过同时出现时，当奖则必须奖，当罚则必须罚，永远不要搞功过相抵。我们所讲的这几条原则一直在强调的是实施问题，现在我们再来关注一下奖罚的善后问题。

为什么会有奖和罚的善后问题？因为不管是奖励还是惩罚都是针对员工所进行的一种相对极端的激励行为。而从激励行为对员工的影响来说，奖和罚都不过是一个开始而已。如果在措施实施之后，管理者就置之不理，多半是达不到预期的效果的。我们先来说一下关于惩罚的善后问题，这是因为作为一种负激励措施，惩罚给员工造成的负面效应相对要大一些。

说起来，负激励有些像是针对员工的心理和意识所进行的外科手术。为了切除某些"病变"或者"坏死"的部分，这个手术我们不得不做。通过手术我们可以把那些"坏"的部分剥离，使得他们和团队都能获得更好的发展。但是如果术后不进行必要的伤口缝合和消炎的话，他们多半会因为后期伤口的"感染"而出现新的问题。因为再高明的手术也不可能不留下创口。

所以作为团队的管理者，必须掌握"踢他一脚，再带他一起上路"的艺术。当你对某个员工实施处罚措施之后，可以适当给他一个冷静期，在这段时间让他对自己的行为进行反思，同时消化掉由于处罚带来的负面情绪。也就是团队领导经常说的：让他自己琢磨琢磨、想想明白。但是这个时间一定不能过长，两天之后他还没能以预期的状态重新上路的话，管理者就得用这种方法带他一起上路。

很久之前，美国的布法罗市有一家专门销售现金出纳机的公司。这家公司在布法罗市营业处的负责人叫约翰·兰奇，是一位销售现金出纳机的高手。有一天，一位年轻人前来拜访约翰·兰奇先生。这位年轻人表示他希望成为约翰·兰奇先生办事处的一名推销员。面对这位年轻人的毛遂自荐，约翰·兰奇并没有说太多的话，只是淡淡地说："你可以尝试一下。"

于是，这位年轻人就开始走街串巷地向该地区的企业推销现金出纳机。两个星期以后，这位年轻人再一次来到约翰·兰奇的办公室。这段时间他连一台现金出纳机都没有推销出去。他想得到约翰·兰奇先生的指导。

"我早就知道你不可能胜任这份工作，也不看看你自己是个什么样子。你还是赶紧从我这里出去，回到你来的地方去，该干什么就干什么吧。你根本就没有这个能力。"

约翰·兰奇出人意料的一通大骂，让这个身材高大的年轻人更加无地自容。但是他并没有因为约翰·兰奇的责骂而感到不满，只是悄悄地退到一个角落里，在那里静静地等待。看到年轻人的这种表现，约翰·兰奇的语气稍微缓和了一下，然后告诉这位年轻人不要太着急，让他好好分析一下为什么没有人买他的出纳机。兰奇还告诉他推销是一门学问，而且是一门很深的学问，并不像看起来那么轻松，如果所有的零售商都愿意购买的话，推销员也就失去了他们存在的价值了。约翰·兰奇让他回去把这些问题想明白，如果他还愿意从事这份工作的话，几天后再过来找他。

几天以后，这位年轻人再次光临。这次约翰·兰奇的态度就变得相当和蔼。他对眼前这位年轻人说："既然你能忍受我对你的责骂，并且还愿意从事这份工作，那今天我就带你走一趟。如果我们俩还是一台出纳机都卖不出去的话，我们就一起退出这个行业。"然后他带这个年轻人上路了。年轻人也非常珍惜这个宝贵的机会，非常认真地观察这位推销高手的一举一动，并牢牢地记在心里。经过一段时间的锻炼之后，约翰·兰奇开始让这位年轻人独自出去推销。

后来当这位年轻人也成为一名推销高手的时候，才明白约翰·兰奇当初对他的那番粗暴的责骂不过是对推销员的一种训练方式。作为一名推销员，需要经常面对客户的拒绝和责骂，要有非常强的心理素质来承受这一切。约翰·兰奇通过责骂的方式将他的面子彻底撕碎，在他经受责骂之后，再温和地告诉他应该怎么做，并带他一起上路，亲身示范，并以此来激发他的热诚和决心，调动他的全部潜能和智慧。

这就是约翰·兰奇先生的先踢他一脚，然后再带他上路的责罚的艺术。

约翰·兰奇的这种做法，让这个年轻人具备了正确面对处罚和挫折的能力。这种能力为这个年轻人今后的工作和创业带来了非常大的帮助，这位年轻人就是后来IBM的创始人——托马斯·约翰·沃森。

这就是关于处罚之后的善后艺术的一次完美展示，面对员工的错误绝不姑息，当罚则必须罚。但是处罚不过是一种激励的开始，必须经过后期的关注和必要时候介入帮助员工一起降低负面情绪对他的影响才能让这种激励真正发挥作用。

同样地，作为另一种激励方式的奖励也是如此。对某一个员工进行奖励，是对他前一阶段工作的肯定，更是对他今后能有更好表现的一种强烈期许。他之前的表现可能在某些方面做得不错，但是绝不可能是完美的、无可挑剔的。不过管理者的奖赏，却很有可能让他有这种错觉。这种错觉单靠颁奖时那种过场式的告诫是不能解决的。一般的管理者在对某位员工进行奖励时，在表扬之后同样也会说：希望你能够戒骄戒躁，继续努力，争取取得更好的成绩。这样的话实际上是没有什么作用的，要想真正做到就得在奖励之后的较短的时间内对他的骄躁做出及时的警告，并帮他明确指出工作中的不足。只有帮他指明了下一步努力的方向，才能期望他真的能够百尺竿头更进一步。奖励和处罚，管理者不仅要狠，更要具有奖赏过后带他重新上路的智慧。

正确归因，开启自我奖惩模式

　　管理界有一种公认的最高效的工作状态叫作自动自发，不管领导看得见看不见，不管领导有没有要求，只要自己想到了，只要是需要自己去做的，员工就自动去做。一旦员工具有这种自动自发的意识，那种高效率是任何其他的激励手段所无法达到的。同样地，有一种奖惩模式的效果是其他任何奖惩模式都不能媲美的，那就是员工的自我奖惩模式。在员工的自我奖惩模式下，不仅奖惩的效果要好得多，而且我们在之前提到过的奖惩的负面作用也几乎可以忽略不计。我们做一个情景的假设，看看面对奖惩激励的时候处在自我奖惩模式下的员工和其他人会有什么不同。

　　假设我们的团队在完成某项任务的时候没能达到预期的效果，面对这次失利，领导要求找出失败的原因，这时候就会出现这样的情况。

　　（1）这次的目标设定有问题，我一早就知道肯定不会有什么好结果的。

（2）现在的市场环境变得太快了，等我们按照之前的方案去执行的时候，预设的条件早已经发生变化了。失败是在所难免的。

（3）都怪其他部门的配合不给力，需要他们的时候永远指望不上。

（4）我们当中的某些人能力差到没朋友，跟这样的人一起合作，简直太坑了。

（5）我们在执行上存在着一些问题，有些问题解决得不够及时。

（6）主要是配合的问题吧，合作的衔接不够紧密，经常会有脱节的地方。

（7）也有我个人的问题，对面临的困难估计不足，导致后来做的时候没有想象中那么高效。

……

看看这些关于失败理由的总结，应该不会觉得陌生。再仔细对照这些发表意见的人平时的表现，我们不妨先来一个对号入座，然后再做下一步设想：

"因为这次任务的失败，公司决定扣除部门的季度奖金。"

再想想每个人听到这个消息时的反应和处罚措施对每个人的激励作用。应该能够想象得到，凡是那些把所有的问题都推到别人头上的人，听到这个消息肯定会表现得怒不可遏。处罚措施在这些人身上激起的更多的是一种对立的情绪。那些在总结问题时把自己也包括在内的人可能会表现得比较温和，但是处罚带来的更多的是一种消极的情绪。只有敢把问题明确指向自己的人，他会把处罚看作是自己应该承担的结果，也会想办法进一步提高自己的能力，而且有可能在公司给出处罚之前就已经这么做了。这种员工就是我们说的那种处于自我奖惩模式下的人。遗憾的是，这类员工在我们的团队中所占的比例往往特别低。但是这类员工绝对是工作效率最好，业绩表现最好，同时也是最早能够获得晋升的人。

这就是处在自我奖惩模式下的员工跟其他员工的不同之处，也只有当奖惩激励遇上这样的员工的时候才能发挥出最大的激励效果。因为我们的奖惩措施很大程度上都还停留在外部奖惩阶段。但是单靠外部的奖惩措施来激励员工的话，一方面是管理者的时间和精力毕竟有限，奖惩措施也终会有触及不到的地方。我们没办法时时处处对员工的所有行为进行考核和奖惩，那些地方就会成为奖惩措施的盲区，这些盲区会给团队的工作效率带来极大的影响。另一方面，外部奖惩虽然能够在很大程度上规范员工的行为，改善员工的工作表现，但是很难激发员工内心深处的认同感和工作热情。

这就需要我们在实施外部奖惩措施的同时开启员工的自我奖惩模式。而开启员工的自我奖惩模式有一个非常关键的"开关"——归因理论。归因是我们的一种普遍的需求，当一件事情发生以后，我们总会习惯性地找出导致这些结果的原因。特别是一些出乎自己意料的事情，或者是对自己不利的结果。这也是我们能够不断发现自身不足，提高自身水平的一种能力。寻找原因的方式，对自身发展的速度和方向起着非常重要的作用。

有两个亲兄弟，成长的环境完全一样。成年之后，哥哥通过自己多年的努力打拼，在事业上取得了非常大的成功，成为一家集团公司的老总。而他的弟弟却整天自暴自弃游手好闲，最后因为失手打死了人而进了监狱。有人分别问他们是什么导致了他们目前的状态，他们的回答竟然惊人地一致："谁让我有一个这样的父亲呢？"原来，在他们很小的时候，他们的父亲就因为杀人而进了监狱。他们的区别就在于不同的归因方法。哥哥把成败归于自己的努力，所以说因为有这样一个父亲，我要活得更好就只能让自己更加努力。而弟弟把成败归于家庭和遗传，因为我有一个这样的父亲，所以我再怎么努力都不会有什么改变。

兄弟俩的这两种不同的归因方式，在管理学上分别叫作积极归因和消极归因。积极归因更倾向于把事情的成败跟自身的能力和努力程度联系在一起，会第一时间从自身寻找原因。而消极归因则更倾向于从外部条件中寻找事情成败的原因。我们说的处于自我奖惩模式的员工基本上都是习惯运用积极归因来思考的人。需要说明的是，我们说的积极归因是更加倾向于把自身的努力跟事情的成败联系在一起，而不是把所有的问题都强加到自己身上，否则也会形成一种自我否定的消极状态。积极的归因模式在寻求事情的原因中需要客观地考虑以下几个因素。我们按照关联程度依次排列出来：

（1）自身的能力。

（2）自己的努力程度。

（3）任务的难度。

（4）身心状态。

（5）外部因素。

（6）运气。

想要奖惩发挥出最大的效用，管理者就必须掌握自我奖惩模式的开关——积极归因。训练员工要按照积极归因所列的因素和顺序寻找事情成败的原因所在，帮助员工一起开启自我奖惩模式。

第四章

用人要狠，人员动起来团队才够稳

敢于用人并善于用人的团队管理者，一定要摒弃那种不抛弃、不放弃的妇人之仁。不以自己团队成员几年都不发生变动而自豪，要明白真的稳定是团队核心的稳定和边缘的流动。手腕要够硬，毫不犹豫地干掉最后一个。心思要够细，末位淘汰时用细节保证竞争的走向一定要是良性的。

敢用比自己更优秀的人

为了谋求团队的进一步发展，我们应该聘用什么样的人来加入我们的团队？这个问题听起来好像有些蠢，答案再明显不过了，当然是要聘请那些优秀的人来加入我们。那么，是不是所有的优秀人才我们都会聘用呢？这听起来又是一个比较傻的问题，当然是只有那些合适的人才我们才会聘用。那么是不是所有适合团队发展，对我们非常有价值的优秀人才，我们都会聘用呢？当然不是，很多人会回答，只有当双方的期望值对等的情况下才会决定聘请。那么你会不会因为人才太优秀而拒绝邀请他们加入团队呢？

每当问到这个问题的时候，之前那些踊跃回答的咨询者基本上都会保持沉默。如果实事求是地回答，这并不是一个容易回答的问题。总的来说，作为一位经验丰富的管理者来说，基本上都会有因为太贵而放弃人才，而过后又感到追悔莫及的经历。我自己有过，身边的朋友有过，很多咨询者也都有过这样的惨痛经历。这种拒绝优秀人才加入的情况，还可以分为两种。一种是老板负责招聘，因为当时优秀的人才太贵而不得已选择放弃，这种基本上属于过后后悔莫及的情况。因为老板对于自己欣赏的人才会给予长期的关注。所欣赏的人才，在别处有所作为的时候，他马上就会得知消息，所以才会追悔莫及。

而另外一种情况，则恰恰相反。当招聘者得知，被自己拒绝的某个人才在别处有所作为时不但不会感到后悔，还会感到庆幸。这种情况下，负责招聘工作的往往是部门的负责人，他之所以拒绝某位优秀人才的加入，就真的是因为他过于优秀。这种看起来有些荒唐的现象，恰恰印证了一句谚语，叫作武大郎开店——个儿高的不要。这在管理学上叫作帕金森定律。《帕金森定律》的作者，美国著名历史学家诺斯古德·帕金森阐述机构人员膨胀的原因及后果时说：一个不太称职的领导，面对自己并不能够完全胜任的工作时，摆在他面前的有三种选择：要么主动申请辞职，把位置让给更有能力、更能干的人，要么就请一位能力特别突出的人来协助自己工作，要么就用两个或者更多能力低于自己的人来给自己当助手。

第一个选项是绝少有人去选择的，因为那几乎等于放弃当下所得的一切。第二条路只有一部分人会选择，因为这对于看重职位和权力的管理者来说，也是具有相当大的风险的。一旦他选择的这个助手过于优秀，能力在他之上，就有将他取而代之的可能。虽然只是一种可能，却使得很多管理者在经过"深思熟虑"之后，做出了第三种选择。

至于说为什么我们就非得需要助手，为什么会有那么多人并不能独立胜任他的工作，"彼得原理"给出了明确的解释。一个相对公平的工作环境中，一个能力远高于目前职位的人，多半是会得到提升的。而且这种提升会一直持续到他不能胜任目前的工作为止。现实情况就是这样的。但凡在自己的工作岗位上有出色的表现，多半会受到领导的重视并很快得到提升。如果在新的岗位上还是表现得比别人优秀，这种晋升会得以持续。只要公司的组织构架允许，除非有一天他到了一个让他的表现不再优秀的岗位，他的提升才会止步。但是，如果不是有重大的过失，他多半是会留在这个位置上的。

但是这个职位能够让他有非常强烈的危机感，如果他一直这么不优秀下去，终究会被新成长起来的更加优秀的人才所替代。所以，他就不得不谋求在自己并不能完全胜任的岗位上再有优秀的表现，就只能靠邀请优秀人才的加入来实现这一愿望。至于结果如何，是让团队业绩再次飞跃还是让团队的机构变得更加臃肿，完全取决于团队管理者是否允许比自己更加优秀的人才加入。如果团队的管理者允许比他能力更强的人才加入的话，那这个团队的能力上限是高于团队的管理者的。否则，团队管理者的能力将会成为整个团队能力的天花板，机构会变得更加臃肿。

所以能够做出第二种选择，允许比自己更加优秀的人才加入团队的管理者都是伟大的。全球知名的美国"钢铁大王"卡内基墓志铭上就有这么一句话："一个知道选用比他本人能力更强的人来为他工作的人安息在这里。"由此可以看出卡内基已经把选用比他能力更强的人来帮助他工作，看成是一生最大的荣耀。他是这么理解的，也是这么做的，这是他坚定不移的用人原则。

虽然卡内基在美国有"钢铁大王"的称号，但是实际上他对冶金技术根本就是一窍不通，但是他总能找到精通冶金技术，擅长发明创造的人才来为他服务。所以说他的成功很大程度上得益于他卓越的识人、用人的能力和允许手下比他强的广阔胸襟。卡内基钢铁公司后来的董事长，卡内基钢铁公司的灵魂人物齐瓦勃就是一个由卡内基聘请的能力比他还要强的员工。不得不说齐瓦勃是一个非常优秀的人才，他原来只是卡内基钢铁公司下属的布拉德钢铁厂的一名普通的工程师。但是后来当卡内基知道齐瓦勃远超常人的工作热情和杰出的管理才能之后，就毫不犹豫地提拔他当了布拉德钢铁厂的厂长，并对他非常器重，一直到后来任命他为卡内基钢铁公司的董事长。当时卡内基曾经骄傲地说：有齐瓦勃在，只要我想要市场，市场就会是我的。

不光是美国的卡内基，我国历史上很多杰出的领袖也都敢于任用能力比自己更强的人物。汉高祖刘邦在取得天下之后的那一番话，就道出了管理者任用比自己能力更强的人才的重要性：

"论运筹帷幄之中，决胜千里之外，我不如张良；论治理国家安抚百姓，源源不断地运送粮草，我不如萧何；论统兵百万战必胜攻必克，我不如韩信。这三人都是当世的豪杰。但是我能够把他们三位争取过来委以重任……"

刘邦的这番话道出了团队管理者的工作本质：管理者最重要的工作是善于用人，而不是跟下属比谁更有能耐。所以为了谋求团队的进一步发展，为了让团队变得更加强大、稳定，管理者在用人上一定要够狠。这个够狠就是要敢于任用比自己能力更强的人才，舍得聘用看起来非常"贵"的人才。但凡有魄力的杰出的商业领袖，在用人方面都是非常狠的，否则也不会有动辄数亿元年薪的打工皇帝。诚然，那些打工皇帝是非常优秀的，但是敢于聘用他们、舍得聘用他们的人更优秀，他们都是任用人才的狠角色。

引入"破坏者"激活团队竞争意识

　　曾经跟同行的朋友们讨论过关于团队的稳定性的问题。这当中我们提到，一个真正稳定的团队应该是什么样的，这当中就有人说，一个稳定的团队，应该包括三个层面的稳定：首先是组织架构的稳定；其次是团队人员的稳定；最后是团队内部人员关系的稳定。关于组织架构的稳定和团队人员的稳定问题我们在其他章节再做讨论。我们先来讨论一下，团队内部人员之间关系的稳定是不是一个团队稳定的合理指标。关于这个问题，我们做了一个假设。

　　如果有这样一个团队，它的内部人员之间的关系融洽，团队的气氛和谐、友好。团队成员在这种友好而又和谐的氛围当中以一种一成不变的协作关系进行按部就班的工作。这样的团队算不算是一个真正意义上的稳定的团队呢？

　　答案是否定的。因为一个真正意义上的稳定的团队首先得是一个具有旺盛的生命力和创新能力以及超强执行力的团队。只有在这样的基础上的稳定才算是真正意义上的稳定。否则就只是一种表象的稳定，是一种伪稳定。这样的稳定不是稳定而是安逸。这种假稳定真安逸的局面用一潭死水来形容可能会更加确切一些，这样的团队是没有前途和未来的。今天看起来貌似稳定，明天也许就是全面崩溃。

作为团队管理的咨询者，遇到这样的貌似稳定的团队并不在少数。而糟糕的是大多数这类团队的管理者并没有认识到问题的严重性。在咨询现场有不少这样团队的管理者还在为自己团队那些看起来非常稳定的假象而沾沾自喜。他们经常会面有喜色地说：自己的团队组织架构是多么稳定，自己的团队成员在几年的时间内都没有流失掉一个；自己的团队内部的关系是多么和谐，大家在一起是多么其乐融融等。

但是这样的管理者在被问及团队的活力、创新能力和执行能力的时候基本上都会沉默不语。等到深入了解到这些指标对一个团队生存的重要性的时候，脸色就会变得比较难看了。那么，如果你也拥有一支这样的貌似稳定的团队的话，又该怎么破局呢？答案也很简单，破局就要引进搅局者。这就是管理学上著名的"鲇鱼效应"。

挪威人喜欢吃沙丁鱼，尤其是活鱼。但市场上活沙丁鱼的价格要比死鱼高许多，所以渔民总是千方百计地想办法让沙丁鱼活着回到渔港。可是经过种种努力，绝大部分沙丁鱼还是在中途因窒息而死亡。不过有一条渔船总能让大部分沙丁鱼活着回到渔港。船长严格保守着秘密。直到船长去世，谜底才揭开。原来是船长在装满沙丁鱼的鱼槽里放进了一条以沙丁鱼为主要食物的鲇鱼。鲇鱼进入鱼槽后，由于环境陌生，便四处游动。沙丁鱼见了鲇鱼十分紧张，左冲右突，四处躲避，加速游动。这样一来，一条条沙丁鱼欢蹦乱跳地到了渔港。"鲇鱼效应"由此而来。

"鲇鱼效应"运用到团队管理中，就是采取一种手段或措施，给团队现有的成员带来一种真切的威胁感，与团队成员之间形成一种良性的竞争关系，这种良性的竞争压力可以有效激发团队成员的潜力，使自己的团队永葆活力，也可以激发团队成员的主动性和创造性，提高工作效率，使之更好、更快地完成工作任务。

小李是一家机器制造厂的生产主任，可是无论他怎么努力都无法带领自己的团队完成工作任务，为此伤透了脑筋。

一天，厂长来到他的办公室，问小李："效率提不上去，任务怎么可能完成！你这么能干的人，怎么就带不好员工呢？"

小李委屈地说："我也不知道该怎么办，好话说尽，惩罚措施也不少，就算威胁他们如果完不成工作就全部开除，也没什么效果。"

厂长想了想，说："走，带我去车间看看。"

当时日班已经结束，夜班正要开工。

厂长到了车间后，问一个正要下班的工人："今天你们这一班生产了几台机器？"

"5台，厂长。"

厂长听后，拿起一支粉笔在地板上写了一个大大的"6"，就离开了。

夜班的工人来到车间后，看到地上那个"6"，就问白班的工人是什么意思？那位工人就把厂长来到车间的经过讲了一遍，然后也离开了。

次日，厂长来到车间，又在地上写了一个大大的"7"，还是一句话也没说就离开了。

可是当日班的工人看到地上的"7"时，心想：夜班的工人不就比我们多一台吗？有什么了不起，今天让他们看看谁厉害！日班的工人加紧工作，到晚上交班时，地上留下了一个大大的"9"。

就这样，两班工人开始了激烈的竞争，随着日产量的提高，厂里的业绩不断提高，任务也总是超额完成。

厂长正是利用员工之间的竞争心理，在车间制造了一种紧张的氛围，使得工作效率得到了提高，顺利完成了工作任务。这才是让人敬佩的用人高手的风范，不动声色之间让白班和夜班的工人相互当了一回激发对方活力和斗志的"鲇鱼"，逼着他们放弃之前的安逸，投入激烈的竞争中来。

这位不用引进外来的"破坏者"，而让团队成员相互充当对方的"破坏者"的厂长是个用人的狠角色。台湾地区的"经营之神"王永庆更是。他的成功离不开其独特的管理方式"压力管理"。而他的这种"压力管理"比起上面的这个厂长熟练地运用"鲇鱼效应"激活团队的做法显得更胜一筹。王永庆的压力管理不是用来救急的"强心针"，而是一种打熬团队的"养生术"，它是一种常态。在招聘员工时，王永庆就开始强调压力的重要性，告诫新人要在具有相当压力的工作环境中锻炼自己的工作能力和磨炼吃苦耐劳的精神。从员工进入塑胶集团的第一天起，就深刻感受到充满竞争压力的环境。无论起点如何，每一个新人都要先到基层现场学习6个月，接受训练，并进行严格的考核。可以说，经过前期考核的员工本身就已经具备了比较强的抗压性，这是实施压力管理的一个必要的基础。然后这种压力管理会一直伴随着员工。如果你晋升到了管理层，你的压力就不仅是公司制度下的内部竞争的压力，这种内部的良性竞争就会在王永庆的直接注视下展开，因为他有一套独创的"午餐汇报"的管理方法。每次午餐都会叫上几个管理层的成员当面汇报，稍有不慎就很容易被王永庆现场"捕获"。在这种独特的汇报模式下，相信那些管理层的员工心中都不敢有丝毫的安逸想法。"午餐汇报"上的竞争和淘汰以及管理层的压力，促进了整个团队的工作效率，使得很多经营问题在午餐时间迎刃而解。"压力管理"也不断为企业创造新的业绩，使企业充满了生机和活力。

其实对于员工而言，压力很多时候并不是来自老板，而是来自竞争对手。所以为员工树立一个对手，可以有效地提高他的工作效率。

很多看似稳定实则安逸的团队其实都是遇到了这样的问题：员工安逸舒适，安于现状，整个团队缺乏活力和新鲜感，从而工作效率下降，企业的发展速度缓慢。想要摆脱这种颓败的局面，就要为企业注入新的活力，给那些不温不火的员工带来竞争压力，唤醒他们的求胜之心，刺激团队战斗力的重新爆发。

我们可以实行公开招考和竞争上岗的方式，制造一些紧张气氛，从而对员工产生激励的作用，提高团队的工作热情和工作效率。对于老员工而言，他们迫于对自己能力的证明和对尊严的追求，不得不在竞争的环境中再次"发愤图强"；而对于新员工，竞争的团队氛围更有利于激励大家一起努力，共同进步。当然，就像王永庆先生所实施的压力管理一样，我们在对自己的团队运用"鲇鱼效应"进行激励的时候，一定要注意团队成员的抗压性，确保他们在竞争压力面前能够进行正向的应对，能够跟外来的"破坏者"或者新对手之间展开良性的竞争。否则就会出现寓言当中所说的一个螃蟹将要爬上岸的时候，其他没有爬上来的螃蟹都会尽力阻挠它的那种"拖后腿"的现象。

让勤奋却不聪明的人走开

在热播电视剧《欢乐颂》中有一个桥段，让电视机前面的我一下子陷入深思。后来在很多场合跟不同的对象一起聊起这个桥段，都觉得这其实就是工作当中经常会出现的场景。只不过现实当中事情没有那么巧合，情节没有那么戏剧化罢了。不过这种员工对团队的影响却是实实在在的。我们来说说这个桥段。

安迪所在的公司有一个员工叫作刘思明。刘思明这个人算是公司的老人了，也是一个传统意义上的好人。老实巴交、安分守己，而且还特别勤奋。但是他有一个职场上致命的弱点，那就是人太不聪明，业务能力太差。有一天晚上安迪被刘思明提交的报告中的种种低级错误惹得很是恼火，被一旁的曲筱绡发现。了解了刘思明的情况之后，曲筱绡说的一段话，当真是发人深省。大意如此：这样的老实头说白了就是笨蛋，工作能力不行，直接开了就行了。作为一个老板，在老实头身上吃的亏比在滑头身上吃的亏可多多了。因为老实头是好人……对呀，好人就不能被批判，好人牌这一张道德的免死金牌，被挡在了能力、逻辑、效率这些职场衡量标准前。

曲筱绡的这番见地，让很多管理人士暗自佩服不已。为什么是暗中佩服呢？并不是说我们在现实中没有受到这样的员工的影响，而是说这种不聪明却很勤奋的人手里的那张好人牌，让很多管理者在做出开除他们的决定的时候，都显得不那么理直气壮，所以这番话是不太好在公开场合大声说出来的。很多人虽然深以为然，也只能是暗中挑一下大拇指。因为就像剧中的曲筱绡所说的那样：这样的人是大家眼中的好人，这样的人就不能被批判，更不应该受处罚。因为他手里有一张好人牌，好人牌是一张道德的免死金牌。这道金牌就挡在能力、逻辑、效率这些职场的标准前面。

如果有人敢冒天下之大不韪，敢于向这样的"老实头"开刀，那无疑就是引火烧身。后来剧情的走向就是这样，因为刘思明的频频出错，安迪公开质疑：

"你的能力是有问题的。"

面对安迪的高标准要求和犀利的言语，刘思明更是感到倍加紧张，结果熬夜加班之时陷入深度昏迷被送进了医院，而他的电脑屏幕上还显示着安迪在他的报告上留下的言辞犀利的批示。之后仿佛是顺理成章的，一系列的标签被贴在了安迪的身上：冷酷、无情、万恶的资本家等。

当然，这只是电视剧中的一个桥段而已，现实当中并没有那么夸张。但是现实中我们团队中并不缺这样的不聪明却勤奋的"老实头"，但是周围的人对待这类员工的态度却远比电视剧中要微妙很多。

首先是团队当中的同事。如果团队里有这样的一位员工存在，团队当中的同事多半是不太会喜欢他的。因为这样的员工往往是团队能力上的短板，特别是需要大家共同协作完成一项任务的时候，他所负责的那个环节基本上会成为影响项目进程的最大的障碍。另外，就是他超出别人很多的勤奋也会让身边的很多人感到不舒服，但是这种不舒服又不方便说出口。因为没有人能够要求他别那么勤奋，因为这种要求无论是在道德上还是在敬业精神上来说都是站不住脚的。有这样一个同事坐在你身边，你离开公司的时候就会感觉有些不自然，就算是已经到了下班的时间，就算是你已经完成了自己的工作而他还没有。

　　但是恰恰这也是有些管理者不是特别讨厌这类员工的最大的理由。这样的员工虽然能力不强，但是关键时候管理者可以让能力比较强的员工帮他一把。这样的员工听话且勤奋，因为有了他的存在，管理者就可以在团队中树立起一个听话和勤奋的标杆了。这样的人总是早上第一个到公司，晚上也总是最后一个离开，领导的话也总是他第一个表示赞同。当领导在会上批评那些总是迟到的人或者总是习惯卡着点下班的下属的时候，总是要拉一个人出来对比一下的嘛。除非碰上安迪这样的高标准要求的领导，否则这样的员工在团队中还是有生存空间的。这就是在安迪来之前那么长的一段时间里，刘思明能够留在团队里，一直到成为团队里的"老人"的原因所在。有句话说，存在即合理，这就是不聪明却勤奋的员工在现实当中大量存在的真正原因。

　　去一家公司进行前期的实地观察，他们拥有一个还算不错的团队，之所以说还算不错，就是说基本上及格，不是特别糟糕。但是公司花了很大的努力来提升团队的工作效率，直到目前为止都没有明显的效果。

为了能够给出更具针对性的方案，我们花了一个星期的时间进行方案前的观察，然后在周五的下午跟老板进行了一次深谈。老板就是这个团队的直接负责人：

"您对自己的团队感觉怎么样？只是说感觉，先抛开一些数据。"

"这么跟您说吧，如果不看项目进度的话，我其实对这个团队还是比较满意的。"

"嗯，这跟我的初步感觉相差不大，您具体说说哪些地方让您感到满意？"

"这个，你比方说啊，我们的员工很少有迟到、早退的现象，就连请假的都很少。而且吧，上班时间从来没有闲聊的，大家都非常敬业，也非常勤奋。经常都是我喊大家放松一下，他们才会停下来活动一下简单聊几句。其他时间都非常安静。"

"嗯，这些我也感觉到了。那么感觉有什么不对的地方吗？"

"不对的地方？你要说不对的地方，那可能就是太安静了。平时大家的情绪都不怎么高。可能是太累了。不过这也是让我费解的原因，他们已经够努力了但是效率并没有什么提高。"

"在你的团队中有两个员工，其实他们的能力比其他人要差很多……"

"这个我一早就知道，现在我的团队成员能够这么勤奋努力，其实跟他们俩也有一些关系。他们在这方面是个榜样，以前其他人没有现在这么勤奋的。"这位管理者在说这些话的时候，脸上竟然闪过一丝得意之色。

"有一句话叫作假装我很忙，我想这句话才是公司团队目前的真实状态。"

没错，整个团队都在假装自己很忙，这就是那家公司当时的真实状态。这就是团队管理者长期欣赏不聪明却勤奋的员工的真实后果，领导欣赏什么就会看到什么，这是管理的一个不争的事实。你说你想要更高的工作效率，却总是对不聪明的勤奋表现出赞赏，那些聪明的员工自然也会收起自己的聪明才智，收起自己的执行力和创造力，开始假装勤奋，假装自己很忙。因为这样不但可以更加安逸，其结果也是跟不聪明的勤奋者的结果大抵相当的。

当然，这样的现实显然是偏离了老板的逻辑的。在老板的逻辑里，是要让那些能力非常强的聪明的员工也跟那些能力比较差的不聪明的员工一样勤奋。这样这个团队的工作效率不就能提高一大截了吗？可是现实的结果并不决定于老板的逻辑，而在于员工的逻辑。这时候那些聪明的员工的逻辑是既然不用做出什么成绩就能得到赏识，又何必让自己真的那么累呢？我只要假装很努力就好了，反正结果跟他们都差不多。

所以作为一个够狠的团队管理者就要坚决果断地请那些不太聪明但是勤奋的员工离开或者把他们调离现在的岗位。这样决定的结果并不会像电视剧中那么糟糕。因为实际上这样的"好人"在团队当中并没有那么受欢迎，好人卡也真的没有那么大的杀伤力。不久前在网络上有一篇被大量转载的文章叫作《请远离不聪明的勤奋者》，这篇文章显然是站在这些不聪明但勤奋的同事的立场上的发声，当中充满了无奈和愤懑，这才是事情的真相。

况且，所谓的"聪明"和"不聪明"都是相对而言的。很多时候我们所说的那些"不聪明者"，只是因为人和岗位的不匹配而已。也许换个岗位他就是新岗位上的聪明者，再加上他一贯的勤奋，完全有可能成为新岗位上的佼佼者。

请那些不聪明但是勤奋的员工离开你的团队，然后再运用各种激励手段让那些聪明的人变得更加勤奋。这才是所有渴望进一步提高团队工作效率的管理者的正道。

把德才兼备的"错位者"请出去

《细节决定成败》的作者——中国精细化管理研究所所长汪中求先生在谈及细节管理时说过这样一句话:"不合适的员工不放弃,市场就会放弃你的企业。"汪中求先生之所以有这句话,就是因为很多企业的领导者和团队的管理者,在这方面做得不够果断。用又不敢放心用,分又不舍得狠心分,在分分合合之中把企业和团队拖到了生死边缘。

为什么会出现这样的情况,而且这种情况还不是少数?要深入理解这种现象,首先要弄明白这里所说的"不合适"的员工,具体是什么样的。首先要明白,这里所说的是不合适的员工而不是不合格的员工。这样的员工在能力和敬业度、忠诚度和德行方面都是没有问题的。这里说的不合适,有些像恋人之间的不合适。双方都是好人,都够真诚,不合适多半是性格上的不合适。团队当中所说的不合适的员工,是指那些无法与公司核心价值观保持一致,不能认同公司的发展理念的优秀人才。这样的人就是我们今天要说的"错位者"。

首先，"错位者"多半是非常优秀的，大多在上一个平台有非常出色的表现，因为做出了相当惊人的成绩才被企业的领导者邀请到企业当中来。不管是他往日的成绩还是团队管理者为此而支付的较高的成本，都会成为团队管理者不肯轻易说再见的原因。虽然因为彼此的理念和价值观无法达成一致而导致这个磨合的过程非常不愉快，但是真正能够做到痛痛快快说分手的，少之又少。

TCL的老总李东生就有过这样惨痛的经历。李东生领导的TCL集团是全球第一的彩电企业，是中国人的骄傲，承载着中国人的强国之梦。但是2006年TCL经历了一场生与死的考验。2006年上半年，TCL集团巨亏7.38亿元，并因此拖累了集团的三家上市公司，从而导致整体业绩下滑。TCL在国际化进军中的脚步戛然而止，李东升所描绘的灿烂的国际化愿景也没能实现。但是TCL所面临的考验远不止这些。在国际化遇挫的同时，TCL也正在经历着成立以来最大的人事震荡。先是手机狂人万明坚辞职，后来集团高层袁信成、胡秋生等元老也陆续辞职，中间又有不少中层管理人员集体出走。以致到最后李东生不得不集TCL集团总裁、首席执行官、董事长等职务于一身。关于这次的生死考验，李东生后来在他的文章《鹰的重生》中坦承，自己当时管理上的三大失误之一就是没有坚决把企业的核心价值观付诸行动，过多地考虑企业业绩和个人能力，容忍了一些和企业核心价值观不一致的言行存在。李东生通过《鹰的重生》告诉企业界在企业的重生之路上，一定要把不合适的人"请下车"。

其实何止是在企业的重生之路上需要把不合适的人"请下车"，贯穿整个企业发展的始终，只要发现不合适的人，就要随时请他"下车"。日本松下电器的创始人松下幸之助说过这样的话："如果你犯了一个错误，公司可能会饶恕你。然而你背离公司的原则就会受到严厉的批评，直至解雇。"

杰克·韦尔奇曾经在跟中国的企业家的对话中说："有一种人是企业的天敌，这种人就是能造成公司价值观崩溃的人——虽然能达到绩效指标，但是本质很差。"这种人无疑就是我们现在所说的"错位者"。"错位者"客观上并没有犯什么错，但就是很难融入企业文化的核心当中去。对于他所在的企业和团队来说，他就是一个不合适的员工。用韦尔奇的话说就是"虽然能达到绩效指标，但是本质很差"。这样的人杰克·韦尔奇自然也不会让他留在自己的团队当中。

1981年，杰克·韦尔奇开始担任GE的首席执行官，其间他的大部分时间和精力都用来训练普通员工、关心和培养人才。他对基层员工和管理人员都有一个硬性的要求，那就是不管是谁都要无条件认同企业的核心价值观。当时他在筛选中层经理的时候采用的办法就是：

（1）要不断提拔的人：既能够认同公司的价值观又有突出成绩的人。

（2）可以培养的人：认同公司的核心价值观，但是能力不足，可以培养。

（3）离开公司的人：不认同公司的核心价值观，能力还不行的人，需要离开公司。

（4）限制使用的人：不认同公司的核心价值观，但不破坏公司的核心价值观，能力又很强的人，限制使用。

（5）必须坚决清除的人：不认同公司的核心价值观，又想动摇公司的核心价值观，不管有多么强的能力，都必须坚决清除。

　　杰克·韦尔奇的这种思想在中国的企业家群体中产生了重大的影响。皇明太阳能集团的创始人黄鸣在自己的团队中出现这种不合适的"错位者"的时候，也曾经犹豫过，关键时刻就是受了韦尔奇的影响而选择让不合适的人"下车"的。皇明太阳能刚刚创立的时候一共才有七八个员工，发展到现在员工人数已经增加到了4000多人，品牌价值50多亿元。这期间，黄鸣带着初创时期的团队经过十多年的奋力打拼，使得企业获得了几倍、几十倍的高速增长。但是经过一个时期的高速增长后，企业的发展就进入了瓶颈期。到2003年和2004年期间，公司的增长速度明显放缓。公司需要重新选择发展的道路，面对黄鸣所做出的改革发展的选择，出现了一些反对派。这当中有些还是中层和高层的管理人员，他们都曾经对公司的发展做出过贡献。这些人不光能力强，经验丰富，在团队中的影响力也不容小觑。他们的反对使得刚刚做出选择的黄鸣又变得犹豫起来。徘徊不定中，黄鸣想起杰克·韦尔奇来中国的时候说过的一句话："什么样的人企业坚决不能用？是有能力、有业绩但不认同公司文化和企业价值观的人。这样的人坚决不能用，坚决不能在企业待着，更不要说进入高层了。"

　　后来黄鸣坚持了自己的选择，并主动请那些不能认同这一观念的人离开了公司。这样做的结果就是黄鸣的团队成员分两批走掉了1000多人，也包括一些中高层的领导。

　　错位者之错，不是在能力或者品德上，而在于价值观和经营理念上，也不在于错，而在于不匹配。这样的人也许会出现在创业初期，可能会是几个创始人当中的一个，也可能会是企业非常重要的合作伙伴；

也许是在企业的转型期，一开始和企业的价值、观念都比较合的人，到了企业的转型期，有的人能够迅速转变观念，有的则固守传统；也可能是重金聘请的大神，带着耀眼的光环空降到团队当中。但是不管是哪种情况，错位者的危害都是同样巨大的。作为团队的管理者，一旦发现这样的错位者，就要立刻把他请出去。

处理"刺儿头"的艺术

在团队中，有这么一种人最让管理者感到头疼。比起一般的员工来，他们的头脑极其聪明，做事不拘泥于形式，个性张扬，想法奇特，表现即使不算最佳，也往往居于中上，但是总在关键时刻跟领导唱反调，这样的员工被管理者们称为"刺儿头"。这类员工在管理者的眼中就像是鸡肋一般，时不时的抢眼表现和一直不错的业绩让领导觉得弃之可惜。但是他们的不安分守己和奇特离谱的想法，甚至公共场合的煽风点火又让领导觉得忍无可忍。

面对这样的"刺儿头"员工，大多数管理者都会在两种选择中选取一种。要么就是以人才难得为由，为了保住业绩选择忍让，要么就是以维护团队的和谐为由，为了领导的权威而选择放弃。这两种做法无论选择哪一种，都有足够的理由支撑，都能够说得冠冕堂皇。尤其是为了维护团队的和谐，我们经常讲的一句话就是：不能让一块臭肉坏了一锅汤。这种理念不管是在团队的领导者还是在团队的普通成员的意识中，早就根深蒂固了。所以，一旦打出这样的旗号，团队的领导者瞬间就会觉得自己理直气壮了。当然这并不是说，这种把"刺儿头"员工清理出团队的做法就是错误的。如果这个员工是在德行方面出了问题，或者说极大地危害到了团队的和谐，或者视团队的各项制度为儿戏，到了这种程度的，就绝不能再听之任之，而要果断地予以除名，绝不可意气用事。

日本曾经有一位天才式的员工，原来任职于东食公司，在这期间，就有非常出色的表现，后来跳槽到伊藤洋货行工作。他本身的经营才能再加上他在东食公司所得到的历练，使得他在入职伊藤洋货行以后迅速崭露头角，并在接下来的十多年的时间内四处开疆拓土，为伊藤洋货行的发展做出了非常人可比的贡献，并因此被公司同事誉为"经营天才"，但是后来却因为目中无人而被公司除名。他的名字叫作岸信一雄。

说到岸信一雄的被除名，当然还要说说伊藤洋货行的董事长伊藤雅俊。在日本，伊藤雅俊是以严谨著称的企业家。据说这位伊藤洋货行的董事长，在生活中待人热情，彬彬有礼。但是他的这种丰富的情感，从来不会带到企业管理当中。他对于员工的要求是，不管有多大的功劳，都要忠诚、敬业，不能居功自傲，否则都会果断地将他们予以除名。但是被同事誉为经营天才的岸信一雄的一个致命弱点偏偏就是目中无人、骄傲自大。

在公司内越来越大的成绩和在同事们中间越来越高的威望，使得岸信一雄逐渐放松了对自己的要求，他开始在经营观念上与伊藤雅俊产生分歧。在人际关系方面，岸信一雄的放任和伊藤雅俊的严谨更是形成了巨大的反差。慢慢地，伊藤雅俊越来越无法忍受岸信一雄的这种做法，开始极力要求岸信一雄改变自己一贯的行事风格，严格按照伊藤洋货行的要求去做。但是一贯桀骜不驯的岸信一雄却对此置之不理，他的回答也非常强硬："你没有看到我的业绩一直在上升吗？为什么就一定要改变呢？"

于是，后来等到伊藤雅俊感到无法忍受的时候，岸信一雄被公司除名的事情就发生了。对于这件事情，当时公司内部人员也感到震惊，有不少人还到伊藤雅俊那里为岸信一雄求情。但是伊藤雅俊的说法是："秩序和纪律是企业的生命，不守纪律的人一定要予以重罚，即使会因此而降低战斗力，我们也在所不惜。"

故事永远不可能被还原，我们无法判断伊藤雅俊所说的"不守纪律"到底指的是什么。不过故事虽然没有提及更加严重的破坏纪律和秩序的事情，起码能够看出岸信一雄的桀骜不驯，行事理念跟伊藤雅俊的风格之间存在着极大的反差。岸信一雄在伊藤雅俊的眼里就是一个地地道道的"刺儿头"，而以严谨著称正是伊藤雅俊的性格特征，所以用伊藤雅俊自己的话来说就是："一定要予以重罚，即使会因此而降低战斗力，我们也在所不惜。"

前事不忘，后事之师。分享这个故事并不是要我们为已经发生的事情评判出一个对错，也不是为了谁而拍手叫好，而是作为我们深入思考的一个切入点。如果我们遇到这样的员工，有几个问题需要我们思考：

（1）如果完全以故事所提及的内容为依据，你会不会请他出局？

（2）在故事之外自行补充条件，什么情况下会请他出局？什么情况下会选择让他留下？

（3）如果让他留下，留下以后怎么管理？

（4）在面对"刺儿头"员工的时候，除了隐忍留下和请他出局之外还有没有其他的选项？

我们先不急于对上面的几个问题做出解答，在解答之前，我们先对所谓的"刺儿头"员工做一个细致深入的分析。或许我们能在这个深入分析的过程当中，找到一些解决问题的思路和方向。一般来说，所谓的"刺儿头"员工，会分为以下几个类型：

1．头脑灵活，业绩出众

这种类型的员工属于职场新秀。由于超出一般员工的业务能力和灵活的头脑又不谙世事，难免会狂妄自大，目中无人，自以为本事大，能力强，有一种高高在上的优越感，说话往往硬中带刺，做事我行我素。

2．自命清高

这种类型的员工典型表现是自命清高，大事做不好，小事又不愿意做。自己做不好的事情，也不希望别人去做，一旦别人做好了就在旁边说风凉话。自命清高的背后隐藏的是内心的不自信。

3．功臣勋旧

这类员工基本上都有一段非常"辉煌"的过去，对团队的发展做出过一定的贡献。在新形势面前虽然已经今非昔比，却依旧是心有不甘。典型的表现就是孤芳自赏、固执己见，听不进也不愿意听别人的意见，利用以往的威信还能在公开场合与领导形成对峙的局面。

仔细一分析，我们不难发现，虽然"刺儿头"员工我们可以具体地分为三类，但是这三类"刺儿头"员工都有一个共同的特征就是，心理需求得不到满足。各种"刺儿头"的表现目的只有一个，就是"闹关怀"。

对于那些优秀的职场新人来说，虽然他们拥有比较灵活的头脑和极其活跃的思想，也可能会在某一方面有过突出的表现，不过正是因为他们是新人，他们的某些成绩可能会被忽视，他们的一些想法也很可能会被看轻，所以他们要闹关怀。

那些自命清高的员工，都有一颗永不服输的心，但是他的能力还不足以支撑他的野心，而且他们也能认识到自己的这种不足。他们需要关心，需要帮助，需要成长。如果在一个充满了竞争的团队内部很少有人去关心、去满足他的这种需求，他们就会下意识地认为自己做不到的事情，也不希望别人去做，即使别人做到了，他们也会在旁边说风凉话。

第三类是那些曾经对团队有过贡献的，在新的工作环境当中，面对来自新人的各种压力，便会感觉有些力不从心。对于未来的恐惧和存在感的缺失，会使他想尽一切办法来引起大家的注意，在有些场合跟领导的对立其实是在刷存在感。

了解了这些之后，是不是觉得"刺儿头"也并不是那么招人厌恶？况且不管是哪一个类型的"刺儿头"在团队当中都有自己不可替代的一面。作为团队中的新鲜血液的新秀往往是团队中最敢打敢拼的先锋。功臣勋旧往往是团队中的意见领袖，他们在团队中通常都有着巨大的号召力。俗话说，水有源、树有根，"刺儿头"员工的形成，也不全是员工个人的问题，往往还有更深层次的团队生态的原因。只要管理者够狠，敢于深入分析"刺儿头"形成的深层次原因，我们总能在隐忍和出局这两个常规选项之外找到更加高效的解决方法。

现在我们只就最后一个问题给出几种隐忍和开除之外的解决方法。

1. 善于用其所长、切忌压制打击

对那些业绩出众、头脑灵活的员工，一方面要对他们的成绩及时充分地给予肯定，极大地激发他的长处，最大限度地开发他对团队的价值；另一方面也要有意用其短处，用一些挫折教育让他明白自身的缺点，打消他的嚣张气焰，并在他自我纠正之后给予重用。

2. 鼓励试错，并勇于承担责任

给予那些看起来自命清高的员工以充分的鼓励。首先肯定他们永不服输的进取心态，跟他一起分析当前能力不足的部分，引导他们敢于尝试，勇于试错，并在必要的时候替他们承担责任。

3. 足够重视，量才使用

对于那些曾经对团队有过重要贡献，现在依然在团队内具有相当威信的老员工，当然要给予足够的重视，满足他的心理需求，打消他对未来前途的恐惧。另外可以根据他的具体情况重新予以安排使用。比如，他在新技术、新知识面前，显得有些力不从心，但是他在团队管理、人际关系的处理上具有相对丰富的经验，就可以把他从技术岗位调整到其他专业技能要求不高的岗位上去。

虽然为保业绩选择隐忍和为保和谐与权威请"刺儿头"出局作为两个常规选项，一直以来被不少管理者采用，但是不得不说，这两个都不是最佳选项。先不说为了保住暂时的业绩而选择对某些人的隐忍，会破坏团队的纪律性和公平性，而且很快就会形成跟风效应，整个团队会在短时间内失控——这无疑是一种自杀式的埋雷行为，就是说让"刺儿头"出局的行为也是一种万不得已的选择。毕竟大部分"刺儿头"对于团队来说还是非常重要的，驯化他们比强力征服他们要划算得多。如果说有的"刺儿头"既无才能也无德行，对团队毫无价值可言，那么，非常遗憾，你的团队不只是管理环节有问题，招聘环节的问题更大。

但是如果他真的触碰了公司的红线，比如德行出现了问题，无视公司的制度和纪律，或者始终无法与公司的核心价值观形成一致，那就一定要硬起手腕，坚决请他出局，就算是因此降低了团队的战斗力也在所不惜。

毫不犹豫地干掉最后一个

有一篇文章名字叫作《羚羊为什么奔跑》，非常棒，尤其是对于做管理的人来说，都应该读一读。我也经常会拿来分享给身边做管理的朋友们。希望有机会大家也能找到读一下。文章不短，在这里不做全篇的分享，只分享几个由此引发的思考。

羚羊为什么奔跑？因为要活命，要躲避猎豹的捕猎。

猎豹为什么要奔跑？因为要抓住跑得越来越快的羚羊，因为那是它们的食物来源。

同样是奔跑，为什么大多数羚羊要比猎豹跑得快？因为跑得慢的羚羊都被猎豹干掉了。

没错，干掉跑得最慢的羚羊才能促使其他羚羊跑得更快。那么，对于一个团队来说，管理者要想整个团队变得更强、更快、更稳定，就得让团队的所有成员都更加高效地奔跑，那么干掉跑得最慢的一个就是非常有效的方法。

管理者手中有一个干掉最后一个的制度叫作"末位淘汰制"。无数事实证明，末位淘汰制是一个提升团队战斗力非常有效的方法。但是现在仍然有很多管理者对它心存疑虑，当然不是怀疑它的效果，而是跟他的某些固有的管理理念相悖。我们在前面讨论什么样的团队才算是真正意义上的稳定团队的时候，就提到过一种观点。有些管理者认为一个团队在几年甚至更长的时间内团队成员没有流失掉一个，这就是团队稳定的表现，甚至会因此感到自豪。持有这种管理理念的人多半是不太愿意采用末位淘汰制的。因为他们以为自己秉承的是人性化的管理，追求的是所谓的员工的"幸福感"，就是要坚持不抛弃、不放弃、一个都不能少的用人理念。

　　但是他们都忽略了一个基本的事实，这个基本的事实就是一个企业的团队所处的这个商业环境是充满了竞争的。这是个物竞天择、适者生存的环境。在这个残酷的竞争环境中如果没有足够的危机感和紧迫感，就非常容易被对手淘汰而丧失生存的机会和权利。不论是团队还是个人都是如此。末位淘汰制能够很轻松地透过一切表象，对团队的成员进行区分，哪些是真正能够创造效益的？哪些不是？一目了然。这种区分能够很好地促使他们的警醒和成长。从长远来看，这种区分无论对团队还是对个人都是一种长远的慈悲。

　　著名管理学家、美国通用前首席执行官杰克·韦尔奇就始终坚持使用末位淘汰制。实际上他所采用的管理制度比末位淘汰制的力度还会更大一些，更准确地说他应该是比例淘汰制。杰克·韦尔奇把企业的员工分为三个类型：最优秀的占百分之二十，中间业绩良好的占百分之七十，还有就是剩下的百分之十。这三类员工在公司所得到的待遇是完全不同的。韦尔奇要求那最好的百分之二十的员工必须得到物质上的奖赏和精神上的奖赏，必须得到公司的全力培养，绝不允许轻易流失掉一个，因为他们是公司创造奇迹的倚仗。失去他们当中的任何一位都是管理层的严重失职。当然，这最好的百分之二十并不是静态的、永远一成不变的。那百分之七十的优良的员工当中也随时可能有人进入最好的序列当中，把最好的百分之二十当中的某些暂时表现不那么优秀的成员替换掉。也就是说员工在最好的百分之二十和百分之七十的优良之间是可以相互流动的。但是说到剩下的那百分之十，韦尔奇毫不客气地说："依照我们的经验，最后的那百分之十往往不会有什么变化。一个把未来寄托在人才上面的企业必须清除掉那百分之十，而且每年都要清除这些人，只有如此，真正的精英才会产生，企业才会兴盛。"

想要留住真正的人才，就必须坚决地淘汰庸才。一个团队的机会是相对有限的，只有庸才被淘汰，剩下的人才才能变得更加优秀，新的精英人才才有加入团队的机会。这就是末位淘汰制的最重要的两个作用。对于那些被淘汰的员工，原来团队的淘汰会让他们重新认识自己和工作，才能让他们幡然醒悟后奋起直追，才有可能在新的团队中实现自己的价值。

那些以为不抛弃、不放弃，一个都不能少的管理者所谓的人情味，不过是妇人之仁而已。他们必须明白，淘汰不是无情和残忍，不过是在团体和个体之间的自然选择，是让不觉醒者觉醒，让不奋起者奋起的一种必要的手段。我们从韦尔奇的比例淘汰制当中看到了他的更胜于末位淘汰制的决心和胸怀。但是不管是末位淘汰制还是比例淘汰制，在实施的过程中都要非常关注的一个细节故事中没有呈现。我们再看一下潘石屹运用末位淘汰制的故事，从中可以发现这个至关重要的细节：关于末位淘汰制，SOHO董事长潘石屹有一句名言："实践证明末位淘汰制就是我们探索出来的一流的销售制度。"对于SOHO的销售员来说，末位淘汰就是全部。在潘石屹的团队中，他们主张员工在残酷的竞争中自我激励学习，适者生存，就像我们一开始提到的羚羊为什么奔跑那样。SOHO的这些销售员如果是羚羊的话，那么他们身后永远都有一只叫作"末位淘汰制"的猎豹在追赶他们。如果掉队，那就只有被追赶上的"猎豹"干掉。所以在末位淘汰制的基础上，潘石屹对销售员的培训可能显得简单得出奇了。潘石屹的要求只有两条：一是销售人员不要说一句假话，二是销售人员不要说别人的项目一句坏话。只要不触碰这两条底线，其他的你完全可以自由发挥，想说什么就说什么，你想怎么说就怎么说。只要你不在定期的绩效考核中被别人甩在后面，你就有在团队中实现自己价值的机会和权利。

请注意一个细节，潘石屹在运用末位淘汰制时对销售员的要求完全是开放式的。你的方式方法、沟通的细节他一概不过问，只看阶段绩效考核的结果。但是有两点是他特别强调的，就是销售人员不许说一句假话，销售人员不许说别人项目的一句坏话。这个要求看起来非常简单，却是让末位淘汰制落地的一个非常关键的因素。因为在末位淘汰制这只猎豹的拼命追赶下，所有的销售人员都会面对极其强烈的危机感。如此强大的压力，难免会成为人性当中某些恶性的诱因。这时候如果没有潘石屹那看似不经意又简单得出奇的两条红线的限制，就很有可能出现钩心斗角、损人利己等恶性竞争的局面。

就像是几只拼命奔跑的羚羊一样，它们要想活下去不一定非要跑得过后面的猎豹，而只需要跑得过身边的同伴就可以了。如果跑得慢的是一只心术不正的羚羊，它就很有可能在奔跑的同时想办法把同伴绊倒而使自己获得生存的机会。

敢于用人并善于用人的团队管理者，一定要摒弃那种不抛弃、不放弃的妇人之仁。不以自己团队成员几年都不发生变动而自豪，要明白真的稳定是团队核心的稳定和边缘的流动。手腕要够硬，毫不犹豫地干掉最后一个。心思要够细，末位淘汰时用细节保证竞争的走向一定要是良性的。

第五章

敢于授权，敢把权力放出去

权力这个事情就是这样，要么放，要么死。既会把自己累死也会把团队拖死。

别把权力看得太死，分一点给别人

有一种保姆型的领导，一天到晚不停地忙。不管你什么时候找到他，他都会告诉你："你先等会儿，我先解决一个问题。"他每天都要比别人早到公司，下班的时候也肯定是最后一个离开的。不管是平时还是周末，只要有一个下属在加班，他就全程陪同。所以他并没有属于自己的任何时间，晚上有员工加班他可能就得在公司过夜，周末有人加班半天他可能就得用掉整个周末。他从来不敢轻易离开办公室或者在外出时让手机静音，因为只要员工一会儿看不到他，微信、电话就会不停地响。他只能一边在外面处理事情，一边遥控办公室里的那帮下属。看起来他好像是被工作和自己的下属给绑架了，这样的工作状态，他怎么能够忍受得了？但是深入了解之后才发现其实是他绑架了工作和自己的下属。他就是整个团队的短板。所有人都端坐在那里，把问题亮出来，等他去解决。他一天不解决，员工就等一天，两天不解决就等两天。没有他的允许或者不等他来把问题解决掉，工作就不能够进入下一个流程。这样的工作状态在别人看起来好像是无法忍受，但是他却在这毫无空隙的忙碌当中得到满满的被需要的感觉，他需要这样的感觉。

还有一种放风筝式的领导，整天看起来好像是无所事事。他有一多半的时间不会出现在办公室里，要不就是在外面跟一些"大神""大佬"神侃，要不就是忙着参加各种研讨、高峰论坛和发布会，就是偶尔出现在办公室里，也是躲在自己的房间里了解一些资讯，要不就是发呆。下属们有问题让他解决，他却反问"你觉得呢？""你有什么想法？""你做过哪些尝试？""你先准备几个方案再跟我聊吧。"最好的也就是"你有没有朝着那个方向去考虑过？"这就算是点拨了。这让下属们感觉很无奈，自己的事情还得自己来解决。时间久了员工也多半懒得理他，对他好像视而不见。他在与不在对他们没什么影响，反正工作照做，问题还得自己解决。就是他有时想跟员工闲聊几句，下属们也是一副"别打扰我，我很忙"的样子。作为领导，他在团队中好像找不到一丝一毫的存在感，但是真有问题需要他解决的时候，他就好像是掐准了时间似的，及时出现。这时候下属们才会发现，原来我们还有一个领导呀。嗯，我们还是能指望他的。

这两个类型的管理者在实际当中都比较常见，但是相对来说保姆型的管理者比放风筝型的管理者要更多一些。但是从实际效果上来说，这两类不同的管理者的水平根本不在一个层次上，可以说是在两个极端的点上，一个极低，另一个极高。原因就在于放风筝型的领导所做的事情才是一个管理者真正应该做的。而保姆型的领导所做的一切都是在为自己的下属服务，他是在利用手中的权力跟下属们抢事情做。那些本应该归下属们做的事情被他抢去之后下属就只剩下了等待。所有要做的工作全部都在领导手中，领导在拼命地做完这些本应该由下属做的工作，而下属还在一旁焦急地催促。如果有比较严苛的绩效考核制度的话，员工对领导的催促就会显得更加突出了。

这个逻辑听起来有些矛盾？为什么领导会用手中的权力跟员工抢事情做，结果自己忙得要死而让下属闲得发慌呢？这个问题的核心点就在于权力以及由权力延伸出来的控制感和被需要的感觉。不管什么事情，他都希望别人首先向他请教，然后按照他的指示去做。于是他就本能地把所有的权力都掌控在自己手中，不给别人一丁点儿自己选择和决策的权力。这种现象就是不懂得放权的结果。这两种心态正是某些管理者不舍得分权、授权的原因所在。一个不懂得授权的管理者不仅会导致三个错位：自己在不停地忙于处理本该由员工完成的工作；员工完全没有事情做；本来应该自己做的事情现在却没有人去做，还会使得所有的下属怨气深重。因为他们做事没有自主权，没有上升的空间，得不到历练的机会。所以稍微有一些能力的或者是有较强个人发展需求的员工都会弃这样的领导而去。

管理者不肯授权还有一个很重要的原因，就是那些管理者是业务骨干出身，具有非常强的业务能力。一方面处理这些工作会给他带来巨大的满足感，他喜欢这样。另外，他感觉别人可能没有他做得那么好，担心自己的下属出错会影响自己，不敢放手让他们去做事情。再则，他也担心一旦下属表现得比自己更加优秀的话，对自己在其他下属面前的威信和在高层领导中的印象会产生影响。

张总经营着一家规模不大但业务很多的商业活动策划公司。有一次，公司接到一个特别紧急的单子，张总就把任务交给负责策划和组织的策划部来执行。一般情况下，策划方案都是由策划部主管刘超来负责，但是刘超手头还有另一个关键业务需要处理。刘超就跟张总说："新项目能不能稍微缓一缓？"张总当场就否决了，并说合同已经签了，不可能缓期。

张总这么说也有道理，一方面确实已经与对方约定好了时间，另一方面他知道策划部还有一位员工韩思远的文笔和经验都不错。如果刘超安排韩思远来做的话，刘超只要稍加指导，韩思远就完全可以胜任。但是，张总意识到不能越级干预下属的工作，他是想让刘超自己来安排这项任务。

但是，结果并不像张总所想的那样，当他对刘超说项目不能延缓时，刘超表示会重新安排工作进度。三天以后，刘超仓促交上了策划方案。这个策划方案做得很粗糙，甚至出现了几处明显的错误。张总想，刘超是他花重金从别的公司挖过来的业务尖子，不应该出现这样的问题，就是让韩思远来办这件事，也不会出现这样的问题。

后来张总了解到，这个策划案是刘超牺牲了自己休息的时间熬夜赶出来的，这就难怪会出问题了。张总有些不高兴，就问为什么不安排韩思远来帮忙做这个方案。刘超很干脆地回答："韩思远最近手头有不少工作需要做，腾不出时间来。"但是张总知道事情根本不是那样，韩思远最近没有负责什么特别重要的工作，但是碍于刘超平时的表现，张总也没再说什么。

张总对这件事情很费解。一直以来他都特别满意刘超的表现，也非常肯定刘超不是那种玩"办公室政治"的人，但就是不明白刘超为什么宁肯自己不休息做出力不讨好的事情，也不愿意把项目交给别人来做。刘超是策划部的主管，有这个权力，可为什么就不愿意行使呢？原因就是刘超是一位能力强但是面子感更强的管理者，而韩思远的能力并不在他之下，甚至在文笔上还更胜他一筹。

了解了上面的这些情况，那么我们再把问题谈得深入一些，你是不是一个敢于授权的管理者？面对这个问题，没有几个人乐于承认自己是一个不懂得授权的人。从主观上我们更加愿意相信我们的忙碌是因为我们确实有很多重要的工作要处理，我们做的都是一个管理者应该做的。没关系，我们可以先来做一个测验，仔细看看下面列出来的这些问题，认真思考后把答案告诉自己。只是告诉自己就可以，但是记住，一定要客观，要忠于自己的内心。

（1）你是不是个完美主义者？你是否为此而骄傲？

（2）你是否经常把工作带回家做？

（3）你工作的时间是不是要比别人长？

（4）你是否经常为他人花费太多的时间？

（5）你是否经常希望有更多的时间与家人相处？

（6）当你回到办公室时，是不是有太多的工作等着你处理？

（7）在上次升职之前，你是否凡事都亲力亲为？

（8）其他人是否经常向你提出请求和疑问？

（9）你是否把太多的时间放在其他人轻松就能够处理的日常事务上？

（10）你是否能立即说出三项最重要的工作目标？

（11）你是否喜欢干预每一项工作？

（12）为了在最后期限内完成工作，你是否经常加班加点赶进度？

（13）你是否不能把时间用在最重要的工作上？

（14）你是否经常觉得负担过重？

（15）你是否很难接受别人的意见？

（16）你是否吸引跟随者而不是管理者？

（17）你是否认为更高一级的管理人员应该做更多的工作？

（18）你是否每日举行员工会议？

（19）你是否担心你的员工表现不好而使你难堪？

（20）你是否总是担心你在外出的时候，员工的问题会得不到解决？

（21）节假日或者休息时间，是否会因为担心员工找不到你而不敢把手机调成静音？

仔细思考上面给出的问题，然后把答案告诉自己。假如你的答案中出现了少于10个"是"，说明你在日常管理工作中拥有较强的授权意识，经常会给员工分配一些工作。如果你答案中的"是"达到或超过了10个，那很遗憾，你绝对是整个团队中最忙的那一个，而且除了你之外的其他所有人，很多时候都无事可做，他们很多时候都不得不无奈地看着你一个人表演，等着你帮他们解决问题、给他们指示，并且他们肯定对你的这种做法感到深恶痛绝。或许是因为你本身对权力的迷恋，或许是因为你的聪明能干，总担心他们出错。但是不管怎么说，事实上你确实是一位不懂得如何授权的人。不懂得如何授权的人，就只能一个人忙到死，而且也会把整个团队拖到死。管理者应该负责那些非流程内的意外、突发性事件以及需要协调多个成员一起解决的工作。流程内的、常规性的问题就要分给其他人来解决。只有这样你才能从烦琐的日常事务中跳出来，不断开阔自己的眼界，向更多更优秀的人学习，时时关注市场环境的最新动向，了解一些最新的资讯，然后运用全局思想重新考虑自己的战略规划和目标管理。用一个局外人的视角重新思考团队和工作安排，发现问题并及时做出调整。这才是一个管理者真正应该做的事情。所以，别把权力看得太死，分一些权力给别人，让所有人的力量都能得到最大限度的发挥。既给自己分担了压力和责任，也给了别人做事的机会和空间。权力这个事情就是这样，要么放，要么死。紧抓权力不放的话，既会把自己累死，也会把团队拖死。

拒绝伪授权，敢把授权进行到底

　　我们在前面讲过两个类型的管理者，一个是保姆型的管理者，另一个是放风筝型的管理者。保姆型的管理者因为不懂得授权而成为团队发展最大的障碍，这样的管理者让人感到又爱又恨。有一位创业者说他的团队主管就是这样一位让他又爱又恨的人，爱的是他的勤奋和敬业。他手下的主管自从来到公司以后就是整个公司最忙的人，每天都第一个到公司里来，趁着其他人还没上班赶快解决头一天下属交到他手里的难题，等到别人上班的时候他好告诉人家怎么做。每天最后一个走的人也是他。从早到晚他的办公室里挤满了向他讨要解决方案或者等待下一步指示的人。只要他一出去，就会有好几个人停在那里什么都不做。他曾经问过那些停在那里的员工为什么不继续工作，员工们总是回答："我遇到一个难题，不知道该怎么处理，但是我又找不到主管，只好等他回来。"而且还有好几次都是因为他来不及处理这么多的问题而导致项目无法在规定的时间内完成。他也曾找过这位主管谈话，希望他能改变这种情况。他的态度也显得非常诚恳：

"可能是需要我解决的问题实在是太多了，我应该更加努力一些，下次争取在最短的时间内解决掉这些问题，不耽误他们的进度。"

"可是你就是再努力、再能干又能做多少事情呢？你应该让他们多帮你分担一些事情才好。"

往往这时候他就显得有些无奈似的："那又有什么办法呢？做领导的就是要比别人多努力一些，多付出一些。再说，有些问题我自己解决的话，可能需要半小时，但是交给他们解决也许就需要一个上午。您放心，我会更加努力的。"

这位老板说，每当这时候他真的不忍心再多说什么。看着他整天忙忙碌碌的，周末都舍不得休息，就感觉他挺不容易的，为公司也付出挺多的。可他看着其他人的状态真觉得事情不应该是这样的，但是又觉得拉不下面子来说得太狠。其实他是一个很有能力的人，他要是懂得把事情分给更多的人来做就好了。这位老板说对了一半，有些团队的问题确实会因为有效的授权就能够得到有效的改善，比如，三星集团实行的"十一步"制的管理方式就是一次成功的授权示范。李振希刚刚上台的时候，他发现三星集团所有的权力都集中在总裁办。总裁办有好几百号人把集团所有的事情全部统管起来，甚至对自己并不擅长的事情也瞎指挥。下面的人一定要等到上级的指令才能行动，而上级的指令又回复得非常慢，这就形成了一种非常典型的大企业病。为了改变这种状况。李振希做了一个变革，叫作"十一步"制的管理方式。通过精简总裁办、把决策权下放等十一步改革措施，将原来几百人的总裁办精简为几十个人。然后把原来掌握在总裁办手中的决策权有针对性地分给几个大的职业部集团，再把电子部、机械部、化学部、金融部分为四个小集团，各集团的经营决策由他们自己拍板，或者在拍板之后由总裁办审批，最终形成了"自行决定，自作主张"的管理制度。李振希也通过这项改革有效解决了三星集团的大企业病。

不过这也只能说他要是懂得把手里的工作分给更多的人来做情况可能会好一些，但是只是可能。现实中那些管理者累死、下属闲死的情况中，也并不是所有的管理者都不懂得让下属分担工作的道理。有些懂得这些道理的管理者，他们的团队依然很糟糕。原因在于他们没掌握有效授权的正确方法。甚至有些管理者实行的其实是一种伪授权。什么叫作伪授权？就是把工作和任务分给自己的下属来做，还告诉他如果做不好将要承担什么样的责任，但是没有给予下属与任务相关的自由决策权和相关资源的调配权。

《韩非子》当中曾经讲过这么一个故事：中山国的相国乐池奉命出使赵国。出使的车队浩浩荡荡有一百多辆车，为了彰显国家的威仪，必须得保证车队的整齐。为此，乐池还专门在自己的门客当中挑选了一位精于此道的人，让他负责掌管出使车队的管理工作。但是当时门客是分等级的，他选的这位临时管理者属于下等门客。而乐池在对他进行授权的时候，除了交代工作任务以外，其他的什么都没做。这位门客也非常希望自己在这次出行过程中有出色的表现，以争取日后能有更好的前程，所以做起事来也特别认真负责，不敢有一丝一毫的疏忽。但是尽管如此，无奈人微言轻。他一没有职位，二没有权力，又是下等门客，有些事情他再怎么强调，还是没有人肯去理会，大家还是各行其是。结果车队刚走到半道就挨挨挤挤地乱成了一团。这让乐池感到非常生气，叫过这位门客责备他说：

"我平时看你也像是有些才能的，为什么如此不肯用心，刚到半路就弄出这么大的乱子？"

面对乐池的指责，这位门客感到万分委屈："非是我不肯用心，而是要管好队伍就要有职有权，如此才能根据各人的表现对他实施必要的奖惩。我现在是下等门客，您又没有授予我这方面的职权，我尽心又有什么用呢？我算得上是无职无权无名无分，要知道名不正则言不顺，言不顺则威不立，威不立则事不成。您当初吩咐我做事时没有授予我任何职位和权力，现在事情出了乱子，您怎么能够怪我呢？"

这就是一种典型的只授责不授权的"伪授权"。要想通过授权彻底改变一人忙众人看的局面，就得进行实实在在的真授权。不敢将授权进行到底的管理者，绝不可能通过授权有所收益。不过，要想做好真的授权，也不只是敢于将权力下放到下属手中那么简单。这里面也会涉及激励和约束的问题。以下是我们在实际工作中积累总结出来的几条法则，供大家参考。

1. 授权先授益

首先是激励，授责不授权是伪授权。同样地，授权不授责是对权力的亵渎和对团队的不尊重。授权的同时要授责才算是真授权，那真授权就得首先考虑员工的激励问题。所以真授权要先授益，不管员工处在哪个岗位上，他们都会考虑付出和回报的问题。尤其是在任务重、人员少的情况下，更得把各种奖励措施讲到明处，不然，没有足够的激励措施，授责就不能落到实处，授权也就不能被高效实施了。

2. 授权先授名

职场上拼搏的人没有几个是真正怕苦怕累的，但是绝对怕出力不讨好。以前当我们说一个人工作态度特别好时，经常用到一个词——"任劳任怨"，但是作为管理者，绝对不能有这样的思想。人家任劳了，人家出业绩了，就绝对不能再让人家"任怨"。对于能干、肯干的员工一定要给予充分的肯定。你在授权的同时，还要给他们"授益""授名"。这里的"授名"可以做两方面的解读：

一方面，为授权任务的彻底执行提供方便。我们说过凡事都是名正而言顺，言顺则能立威，立威才能成事。哪怕是最简单的，为了增强广告效应，派自己的员工出去做宣传，分成几队就得有几个队长，不管任职期限是多长，宣传活动做一个月，队长的任期就是一个月。宣传活动做一天，这个队长的任期就是一天。但是即使只有一天，只要在任期内他就是队长，其他人就得听他的安排。

另一方面，激发被授权者内在驱动力。也就是说，给优秀的员工一个职位型的头衔，工作性质其实没有什么变化，变化的只是称呼。给员工职位性的称呼，可以让员工心理上获得满足，而你得到的是员工以新头衔的更高标准来要求自己。比如优秀的业务员，现在叫业务主管、业务经理。你只是给他一些职衔，但得到的却是该员工以主管或经理的标准来要求自己。

3. 授权要彻底

既然是授权让别人去做事情，他至少需要三个方面的权力：一是执行细节自主决策的权力；二是需要协助时人员调配的权力；三是必要时各方资源调动的权力。这是一般意义上接受授权的人如果想要很好地完成授权任务就必须用到的三项基本权力。作为授权者一定要保证三项授权的完整性和充分性。

4. 授权要立规

授权之后就意味着被授权者有了自主行事的便宜权了，从此他可以不用大小情况都向授权者汇报，授权者也就失去了时时事事监控的权力。为了不至于让权力失控，那就必须在授权时立起相关的规矩，也就是说要对权力的使用范围做一个约定。比如被授权者要代表公司前去跟客户谈判。在一个什么条件下他可以自行决定，超出这个权限之后他就需要向授权者汇报后再做决定。不然，很有可能他会带回来一张让授权者和公司无法接受的订单。

大权独揽，小权分散

在准备授权之前，你首先得确定在你所负责的所有工作中，有哪些工作能够授权，哪些工作绝对不能授权。这一点非常重要，因为并不是所有的任务都能授权给下属去做。那些经常实施授权活动的管理者中，经常有人因为多授权、乱授权而使自己的工作和团队遭受不同程度的损失。如果你把一些本该授权给下属的工作攥在自己手里，那就会占用自己大量的时间，以至于没有时间来考虑更重要的事情。

相反，如果那些本不该授权的事情让你交给了自己的下属来完成的话，同样也会给整个团队埋下巨大的隐患。比如，员工业绩审核和评估任务，这个绝对是要由管理者亲自来做的。如果被你授给某个员工来做，那我们完全可以想象接下来会出现什么结果。但是如果没有一个标准的话，我们的管理者在做出选择的时候就会变得十分困难。因为这很复杂，任何一位管理者所处的境遇都不完全相同，同样的工作在不同的公司、不同的制度环境下也会有不一样的结果。不过，好在总有一些在一般情况下的规则和标准是能够拿来跟大家一起分享的。如果运用得当，这些规则完全能够帮助你在一般情况下实行授权活动。下面将要分享给大家的"四要五不要"是笔者以前在讨论到授权的问题时，跟大家分享过的，效果不错。我们一起来看看。这个"四要五不要"法则是弗兰克·F. 佛珀在他的著作《管理分身术——成功授权》当中提出的，笔者在分享时又重新做了提炼和梳理。我们先来看看这当中的"四要"，就是一定要授权给下属去做的四类工作。

1. 授权那些日常和必须做的事情

所谓的日常事务，指的就是那些你已经做了很多遍，但是还要不停地反复去做的事情。这类工作的公式化和重复性都比较强，往往都是公司例行规定的必要任务，又不能不做。不过好在你对它们已经非常了解，脑子里已经存储了这项工作的所有细节，清楚这项工作当中可能会出现的状况。如果你能够在很短的时间内告诉一位对此一无所知的下属如何把这项工作做好，并能够对过程和结果做精准的反馈，还能确保下属能够出色地完成这项工作的话，这项工作必须授权给下属来做。因为这样一来你就能够省出更多的时间和精力来处理那些更有价值的事情了。

2. 授权专业性强的事情

这没什么好解释的。专业的事情就要交给专业的人来完成。作为管理者，你可能在某一方面比较擅长，但是不太可能是所有领域的专家。所以不能跟你并不擅长的工作较劲，就把它交给专业人员来解决好了。这正是能够体现那些专业人才真正价值的地方。你得通过授权让各个领域的人才体现出自己的价值。这样既能够给专业人才带来更大的成就感，也是有效授权的价值体现。

3. 授权"职业爱好"

这类工作可能就是管理者最擅长的，每个人在做自己所擅长的事情时都能收获一种愉悦感，所以很多时候管理者更喜欢自己亲自来做这些工作。但是如果除了管理者之外团队当中还有人也能胜任的话，这类工作必须授权给他人来做。因为这样的工作管理者已经做了很久了，它现在的投入和回报率已经很低了。如果你把这样的事情授权给优秀的下属来做，回报率可能高很多。把有趣且有用的事情授权给合适的人来做，让他获得比管理者更大的收益，是有效授权的特征之一，也是让员工拥有获得感的有效途径。

4. 授权发展的机会

首先考虑一个问题：什么样的授权行为最能体现有效授权的激励性呢？就是通过授权既能让任务很好地得以完成，又可以让员工借此更快地成长起来，让每一次授权都能帮助员工实现某一阶段的成长。所以，这些能给予员工成长机会的任务，也绝对属于要授权的范畴。

通过对"四要"的了解，我们已经知道了哪些工作是管理者有必要授权给自己的下属来做的。对于这些工作，团队的管理者千万不要一味地把在自己的手里。因为这样的话会使得管理者非常忙碌，而下属们却闲得无事可做。这样的团队效率是非常低的，我们在前面说过。现在我们来看看，还有哪些工作是不适合我们授权给下属去做的。这些工作都是授权的禁区，如非必要，千万不要去尝试。即使万不得已，不得不去做的话，也要做到慎之又慎。我们来看看授权的"五不要"。

1. 人事或机密工作不可授权

这类工作比如像绩效评估、晋升或解雇员工等事情，这些太敏感的事情就不能授权给自己的下属去做。一来是因为事情的敏感性，有些事情在实施之前是需要保密的，如果泄密将会对团队造成很大的负面影响。二来做这些事情需要一定的行政权限，没有职位是不太可能做好的。比如说解雇员工，让一个不在这个位置的下属去做，他是绝对不可能做好的，即使他有这个能力也不行，名不正则言不顺。虽然这类工作做起来比较耗费时间和精力，但是这属于管理者的职责范畴，应该由管理者来执行。

2. 不要授权关于制定政策的事务

制度的制定一定要由管理者来完成，千万不可假他人之手。虽然我们也经常说为了提高员工的参与感，要允许和提倡员工参与公司的一些重要事情的讨论，也包括制度的制定。参与感虽能够增强员工的主人翁意识，从而激励他们更加高效地工作，但是管理者一定要明白，要鼓励的是员工参与制定过程中的讨论阶段，并尽可能地给予他们的意见以足够的重视，但是制定制度环节，还是不能授权给别人去做。不同层级、不同立场的人考虑同一个问题的角度不一样，通过制度所要表达的诉求也是天差地别。所以，这些事情即便是没有时间也要挤出时间来自己处理。当然，在不同的环节可以叫不同的人过来讨论，多听听不同的声音，将来执行的时候就会顺畅很多。

3. 处理危机不要授权

有些担当不够的管理者，特别喜欢把这类事情交给自己的下属来处理。这是职场黑锅当中特别典型的一种。面对危机，自己不敢迎面顶上去，也不敢带领大家鼓起勇气，一起想办法解决它。这么做是一种极大的失职，这时候你不能考虑授权，否则基本上就跟"让贤"差不多了。一马当先的霸气、当仁不让的豪气，都是一个管理者必备的软实力。这个领头和表率作用务必在此时体现出来。

4. 培养直属下属的任务不要授权

培养自己的直属下属是管理者工作的重心之一。更具体一点说，管理者应该想尽一切办法、创造各种条件，让管理者的直属下属在与其共事的这段时间尽快成长起来。他们的成长和发展应该得到管理者的帮助，管理者也应该尽力提供这种帮助。管理者要用自己的经验、判断力和对组织员工成长的需求了解来辨别和选择对下属成长有帮助的工作，并把这些工作授权给他们，然后在执行过程中帮助他们成长。必要的时候管理者可以从别处得到一些建议，但是培养员工这件事情还是自己来做。

5. 老板交代由管理者亲自处理的事情不可授权给他人

有些事情因为事情本身的排他属性，老板在布置任务的时候会特别叮嘱一句："你要亲自去做。"像这样的事情管理者就要亲自处理。虽然有时候管理者不一定明白为什么非得亲自来处理，觉得交给自己的下属他们也能做得好，但是请相信，老板叮嘱这样做肯定有一定的道理。有时候，管理者与老板了解的信息并不对称，有些因素管理者可能考虑不到，但是老板考虑到了。贸然授权给下属去做可能会与老板的初衷相悖，这种错误的理解可能会使管理者跟老板的关系变得紧张。所以，老板特别叮嘱的任务不可授权。

"四要五不要"是保证授权不失控的一个必要条件，每一位管理者心中都应该有这么一个清晰的"四要五不要"的标准。在实施授权之前，务必把将要授权给下属的任务拿来跟这个标准对比一下，确认可以授权之后，再考虑怎么对下属实施授权。

授权要精准，让合适的人做合适的事

要想让授权精准有效，有两件事情显得非常重要：第一要知道怎么才能把将要授权的工作表达得清楚明白，并且要与被授权者达成一致；第二要知道怎么才能找到最适合这项任务的员工。首先我们来看看怎么对选择的任务的目标进行设定。目标的设定是否科学有三个硬性标准，只有符合了这三个硬性标准，才能保障授权有效。这三个要素就是：一个行为动词、一个可量化的结果和一个明确的完成期限。

我们的管理者在对下属交代任务的时候，经常说的就是："把这项工作尽快做好交上来""一定要尽最大努力去做"，其实这样做是不会有太好的效果的。

小王是一家公司的文员，平时负责协助各部门完成各种日常工作。周五下午，策划部的张经理交给小王一份文件让她尽快整理好。这时候，市场部的刘经理刚好也过来让小王整理这一周的报表，并特意交代下班前四十分钟务必整理好，他开会要用。

想象一下，小王会怎么安排工作的顺序呢？张经理要的文件估计只能等到下周一才能拿到手了。如果张经理等不及来问小王，小王完全可以说，她已经尽力往前赶了，这已经是最快的了。

出现这样的情况就是因为管理者目标设置中犯了一个错误——没有明确的时间。不管下属用了多长的时间来完成这项任务，他都可以说已经是"最快"了。因此，在授权时你必须把这些要素清晰、明确地表述给下属。

但是，如果你跟他这么说：

"你准备一下招商会的资料，今天是周二，你用两天的时间准备可以吗？"

如果他说可以，那么接下来你可以说：

"那就周四下午吧，周四下午三点咱们一起讨论一下具体的方案。"

如果他说两天时间太紧张，准备不够充分，需要三天的时间，只要他说的情况属实，那你就给他三天时间。你可以说：

"嗯，那就三天吧，这样你能准备得更充分一些。我们周五下午三点一起讨论具体的方案，你到时候务必做好准备。"

这样的授权，不仅明确了完成任务的时间期限，还与员工达成了一致。如此一来，员工只能在约定的期限内完成任务，没有任何借口。即使中间有什么变动，员工也会主动与你沟通，告知实际情况。这样一来，不管发生什么情况，也都在你的掌控之内。

那么，这样设定目标算不算科学合理呢？不要急着回答，先用三要素检测法来检查一下，这是检验授权任务的目标设置是否科学的一个非常有效的方法。管理者在每次授权之前最好把目标设定的情况写在一张纸上。记住，一定要完整地写下来。然后对照着三要素一一比对，看看有没有同时满足这三个硬性的要求，如果都满足了，那就说明你的这个目标设置是可行的，否则就要再做调整。这里需要说明一点，在设定科学的目标时，我们是说三要素要明确，而不是要求其固定不变。在授权或执行过程中，我们要根据实际情况和预期的差距，不可避免地适当做出调整，但是要记住：三要素可以调整，但是调整之后，仍然要求其明确、可量化。

知道了怎么对将要授权给别人做的工作的科学的实施目标设定之后，我们再来了解一下怎么找到跟这个工作最匹配的员工。

一家家具卖场为了做好对圣诞营销活动的宣传工作，由营销部主管Olivia对部门内下属进行授权。下面是Olivia开会授权时的情形：

"我是上个月才调到营销部来的。您知道我之前一直负责卖场的收银工作，对组织宣传和各家媒体的情况都不熟悉。我都不知道该怎么做这事。我可不是偷懒，我跟咱们卖场的商户都很熟悉，要不让我联系免单产品吧？"第一个说话的是刚调到营销部不久的Hannah。

"我觉得让Hannah来负责免单产品最好，我这几天在忙着集团商学院的毕业演讲，为这件事商学院的领导都找我好几次了。"Michael对Hannah的提法表示赞成，关键是想让Hannah把免单产品的工作接过来，他好忙毕业演讲的事情。

"我什么问题都没有，我向来都是领导安排什么我就做什么。虽然我之前没面试过别人，但是被面试的经验还是比较丰富的。我保证把他们的学历、籍贯、婚否通通记录在册。"Ella说话办事依旧是风风火火，但是显然没怎么经过仔细考虑。

还好，最后Joshua聊了一下自己工作的计划，表示只要商户的100件免单产品能在20日之前确定，那他可以在规定的时间内完成。

需要说明的是，这几位员工都不是在有意刁难上司，但是从结果来看，这算不上一次成功的授权，几乎就要"全军覆没"了。那么，失败的原因是什么？就是上司对下属的情况了解还不够。有效授权需要把最科学的方案交给最合适的人来执行。但是Olivia的这次授权，四个授权任务就有三个任务与人员没能做到优化组合，甚至没能做到顺利对接。而且三个失败的授权当中就出现了三种不一样的情况。

第一种情况：让Ella负责面试工作，这属于员工性格跟授权任务不匹配。Ella心直口快，想什么就说什么，这样的人主持面试工作并不合适。

第二种情况：让Michael负责免单产品的任务是属于对员工的工作安排了解不够。集团商学院的毕业演讲对他升迁至关重要，而且商学院的领导还曾亲自过问。这显然属于优先级的任务。

第三种情况：让Hannah负责媒体宣传的工作则属于对员工工作经验的忽略。她的工作能力和态度都没有问题，但是她从来没有接触过媒体。这样的安排很有可能出现大家都不满意的结果。

从上面的例子中不难看出，授权行为要进行得顺利，并能有一个好的结果，就得做好两个关键点：科学的目标设定和与任务相匹配的人选。

那么，如何才能做到员工与授权任务匹配呢？我们用一张表来检测你对员工的了解。在这张表当中把你所有的直属下属的名字都填在表中，然后将你对他们最擅长什么、最不擅长什么、最渴望做什么事情、最想逃避什么事情的了解程度进行打分。分值范围从1分到10分，1分表示你什么都不了解，10分代表你认为对他了解得很深刻，并已经经过实践验证。然后把四项数据相加，将总分填写在"总分栏"中。

如果得出的总分在30分以上，说明你已经花了很多时间和精力来了解你的下属，并且你对下属已经有了比较深刻的认识和了解，你能够为他们挑选出合适的授权任务。对于那些总分在30分以下的，说明你虽然也有可能对下属授权，但是你需要进一步加深对他们的了解。

用人不疑，疑人不用

"最成功的统御管理是让人乐于拼命，而无怨无悔，实现这一切靠的就是信任。"这是号称日本经营之神的松下幸之助的一句名言。我们从中可以看出信任对于管理的重要性。当然，信任对于授权来说就显得更为重要了，某种程度上可以说信任是授权的精髓和支柱。管理者只有对授权对象充分信任，才能发挥授权的最大效用，否则我们很多的授权都会半途而废。因为并不是团队当中所有的人都能得到授权的。他们身上必定有某些值得领导者信任的特质，包括能力和品质都要过硬领导才会放心。而且，经常能够获得领导授权并能积极完成任务的员工，在晋升和其他机会面前都比其他员工拥有更高的概率。所以授权就成了一种稀缺的资源。正所谓"木秀于林，风必摧之"，这些获得领导授权的员工也多半会出于这个原因而受到同事更多的非议。在这种情况下授权的任务能得到彻底的贯彻和完全的执行，在很大程度上就取决于管理者对于被授权者的信任了。

给予被授权者以足够的信任，这是很多伟大的管理者都具备的一种特质。比如说全球最大规模的饭店之一——希尔顿饭店的创始人康拉德·希尔顿，他就是一位能够给被授权者以足够信任的管理者。希尔顿饭店的每一位管理者都能得到他的充分信任。不管是基层的经理，还是中层或者高层的经理，只要是获得了他的授权和任命，便可以在自己的职权范围内充分发挥自己的才能。为了鼓励他们能够更加大胆地做事，把他们的聪明才智发挥得更加充分，对于被授权者所犯的错误，希尔顿从来不做简单粗暴的处理，而是会跟他们进行一对一的单独沟通。在沟通的过程当中，希尔顿通常会先对员工进行一番安慰，在被授权者因为做错事情而感到紧张的时候，再和他一起冷静地分析工作中的不当之处。如为什么会犯这样的错误？错误的更深层次的原因在什么地方？有什么更好的办法能够最大限度地减少错误带来的损失？有没有什么办法避免以后再犯同样的错误？在希尔顿看来，员工的一点小错误根本影响不了公司发展的大局。对公司的发展起着决定作用的在于高层的战略规划。只要决策的方向是对的，公司发展的前景就是光明的。

　　但是康拉德·希尔顿授权上的用人不疑的一个前提是疑人不用。希尔顿酒店的领导阶层，包括基层、中层和高层领导在内都是他从基层员工一步一步提拔上来的。通过这种长时间的观察与磨合，希尔顿无论对他们的业务能力还是个人品质，都有深刻的了解。在授权之前希尔顿已经做到了了解他们就像了解自己一样。所以在授权之后才能做到信任他们就像信任自己一样。

　　同样对接受授权的员工做到深信不疑的还有全球汽车贴膜界的领导品牌3M公司。当3M公司决定进入东南亚办厂之后，首先把人事、生产和资本三个专业委员会当中最精明强干的专业人士聚拢在一起，组成了一个筹备委员会。负责筹备关于公司在东南亚地区建厂的所有事宜。但是在筹备委员会的成员制订具体的实行方案时，最早做出这个决策的约翰·斯却没有参加。"我相信他们在一起能够把事情做得比我还好，既然我选择把制订方案的权力交到他们的手里，就应该给他们充分的信任。即使是我在场，事情也不会因此而变得更好。"不光是在方案的制订时是这样，就连公司位于河内的基地厂房的选址和兴建也是具体的执行者决定的。约翰·斯从没有去越南做过实地的考察，再一次证明了他对被授权者的充分信任。当别人就这一问题向他提问时，他回答得更加干脆："我对越南又不是很熟悉，既然熟悉的人觉得这块地最好，难道不该相信他的眼光吗？我又不是房地产商，也不是账房先生。"

以上这些伟大的管理者可能会离我们当下有些远，但是这并不会因为时代的变迁而发生什么变化。比如当下国内企业家当中的翘楚人物，华为科技的任正非，他同样是一位能够给予被授权者充分信任的管理者。任正非和孙亚芳，一位是华为的董事长，一位是华为的总裁。他们两个一起共事很多年，相互之间非常了解。当孙亚芳谈到任正非的管理时就曾说过这样的话："他的充分授权，给下属成长的空间，他身体力行以客户为中心，以奋斗者为中心，不断自我改进，团结众人，这也成为下属学习实践的方向。也正是他的甩手掌柜的风格培育了接班人成长的土壤。僵硬的土地上是长不出苗的。"

短短几句话的陈述，就在开头和结尾时两次强调了他的授权和对被授权者的信任。"甩手掌柜"的说法更是十分形象地说明了他对被授权者的信任。但是（笔者总是喜欢在将要告一段落的时候说但是），这个但是后面的话，是管理者们一定要留心的。但是我们看到的只是故事，故事很多时候是剥离了很多具体情境的影响因素的。通过故事，我们只看到了故事的脉络和情节的走向，那些非常重要的细节是隐藏在故事背后的，那是我们看不到的。以上故事当中我们只是看到了授权者对于被授权者的充分信任，但是如果忽视故事的背景和细节而去盲目效仿的话，十有八九现实会让我们很难堪。有几个前提需要提一下，希尔顿故事中的前提是所有的领导层都是他从基层一步步提拔上来的。这个过程中，他对下属们的能力和品行早就了解得非常透彻了。而且他对犯错误的员工都是采取先安慰的处理方法，那说的只是常规的因为能力不足、粗心和判断失误而导致的错误。有些错误是任何管理者都不会允许的，希尔顿也不会例外。而在3M的故事中，约翰·斯之所以敢于放手让下属去做事，除了对下属的充分信任之外，肯定会有一套成熟的授权制度为下放的权力立了规矩。

所幸，我们在前面也讲了一些关于如何为一个准备授权的任务找到一个合适的执行者的方法，尤其是表格法的使用，能够在很大程度上避免管理者的主观印象对结果的影响，能够使甄选的结果最大限度地向客观现实靠拢。在用人不疑之前，帮助大家先做好"疑人不用"，先把不合适的人筛选出去，这样在运用用人不疑的法则时心理压力就会小很多。另外我们所讲的几个真授权的法则中也有给下放的权力"立规"的方法。这样前有选择后有制度的信任才是真正意义上科学的信任，才不会导致下放权力的失控。

第六章

文化狠一点，铁血精神打造铁血团队

我们讨论的主题是，没有完美的个人，只有完美的团队。再聪明的，能力再强的员工也要具有团队精神，有大局观，懂得协作，能够理解并接受我们的团队文化。不然就算是再能干，也要请他离开我们的团队。

把信仰的力量发挥到极致

　　世界上最为强大的组织团体分别是宗教和军队，它们之所以强大，原因就在于，在宗教当中被放在第一位的是信仰，所有的成员都把为信仰付出看作是一种无上的光荣。而军队则把使命放在了第一位，所有的军人都愿意为团队的使命奉献自己的一切。这就是信仰和使命对于团队凝聚力所起到的重要作用，信仰和使命作为团队文化的重要组成部分，是团队的管理者获取领导力的最为有效的手段。古人有句话说："千人同心，则得千人之力；万人异心，则无一人之用。"简而言之，一千名员工齐心协力，凝聚成一股绳，就可以充分发挥超过一千名员工的力量，但是如果一万名员工不团结不协作，没有凝聚力，那么结果恐怕连一个人的力量也比不过！这说的就是团队的凝聚力对战斗力的绝对影响，而信仰和使命则是凝聚力的决定性因素。信仰是一种精神，但它更是一种力量，企业要做大做强，靠的是团队的力量，团队的力量决定于凝聚力，而凝聚力又决定于团队的信仰和使命感！

"使命宣言、历史回顾、星巴克在中国、伙伴的故事和公司新闻"，这是星巴克的网站左下方关于星巴克的简介当中的五项内容。在这当中代表了星巴克团队信仰的使命宣言被放在了最为重要的位置。它对整个团队的重要性也不只是放在企业文化的最前面这么简单。当星巴克面临衰退危机的危难时刻，星巴克的创始人霍华德·舒尔茨正是凭借着对于最好的咖啡和亲切的服务，创造每个顾客在店里享受人际关系的企业信仰的坚持，率领这个团队锐意变革才让星巴克实现了困境中的逆转。由此可见一个团队、一个组织，其正确的价值观、使命、信仰这些团队文化软实力是多么重要。

　　而对一个团队的管理者而言，在面对高绩效团队的构建和团队成员的培训工作时，他首先要做的就是明确团队的管理理念和信仰。所谓团队就是由员工和管理层组成的一个共同体。我们只有把每一个成员的知识和技能统一在一个共同的目标之下，让他们协同工作，共同来解决问题，这个由个体组成的团体才算是真正意义上的团队。而要想让一个团体变成我们想要的高绩效的团队，离开了共同的信仰是绝对不可能做到的。

　　在中国的传统文化中有两个典型的团队是我们大家都耳熟能详的，分别是"水浒团队"和"西游团队"。从这两个团队的最后结局我们不难看出，统一的团队信仰对一个团队的发展和前景起着决定性的作用。其中水浒团队在这两个团队当中情感激励是做得最出色的一个，靠的是团队管理者的人格魅力。依靠宋江的领导者魅力，把来自五湖四海的不同出身的形形色色的成员聚集在一起，形成了极高的战斗力。但是这个团队却有一个致命的缺陷，那就是缺乏明确而统一的团队信仰。团队的成员由各自不同的原因，为了基本的生存需要而走在了一起，也都有极强的牺牲意识和凶悍的战斗力。他们能付出，也肯付出。但是他们所追求的生存方式却是有着极大的分歧的。有人疾恶如仇，发誓除尽天下赃官、恶人。有人追求享受，希望过大碗喝酒、大口吃肉、大秤分金银的逍遥自在的日子。也有人做梦都在想着能够通过招安进入仕途，最后博一个封妻荫子的功名。虽然最后，管理者靠着自己的影响力强行制定了团队发展的方向，但终究还是没有解决团队的信仰问题，这就导致在后面的过程中，这几股力量始终不能形成强大的凝聚力，成为一个拥有极强战斗力的团队而一步步走向灭亡的悲剧。

拥有一个明确且统一的团队信仰，这是"西游团队"跟"水浒团队"之间的最大区别。西游团队和水浒团队不同，水浒团队的核心成员是以情感作为纽带聚集到一起的，而西游团队的成员之所以能够走到一起，完全是因为一个共同的目标。这个清晰且统一的目标就是他们取经路上共同的信仰，而且这个共同的信仰对于每个人来说都有着清晰、激励性十足的愿景。所以西游团队能够一路坚定不移地向西，战胜重重困难，终于在历经了八十一难之后完成了团队的终极目标。

所以作为团队的管理者，在构建团队和提升绩效时首先要解决的就是团队的信仰问题。享誉全球的管理大师彼得·德鲁克说："管理就是界定企业的使命，并激励和组织人力资源去实现这个使命。确定使命是企业家的任务，而激励与组织人力资源是领导力的范畴，二者的结合就是管理。"由此可见，团队管理的根本在于团队领袖，而团队领袖的第一要务就是确立清晰的尽人皆知的团队使命，让使命成为全体成员的信仰，并始终如一地贯彻执行。唯有如此，团队目标才可顺利达成。

当管理者在确定团队的信仰时，有几点需要注意的地方。因为团队的信仰有为团队指明前进方向的使命，所以它在一定程度上左右着团队成员的前程和命运。所以信仰一定要有一个清晰的愿景在里面。而且这个愿景不能只是企业和公司的愿景，还必须得跟团队的每一位成员密切相关。信仰和愿景必须是代表成员意志的，它的终极指向必须是要符合成员的根本利益的。否则，即使拥有一个明确的信仰，也只能是被贴在墙上，起不到增强凝聚力和战斗力的激励作用。

在谈到华为的销售团队为什么能够具有这么强悍的销售能力和市场开拓能力的时候，华为的前海外市场副总裁曾经说过："我们的信仰是没有做不下的市场，没有完不成的任务。"所以，华为的销售人员在公司规模还不算太大，没有自己的品牌优势，甚至经常还会被客户误解的不利条件下依然能够取得骄人的成绩。就是因为他们坚信困难是拿来克服的，挫折是拿来斗争的；没有做不下的市场，也没有完不成的任务，关键是看有没有信仰。没错，华为的销售团队是有着明确且统一的信仰的。这是它具有强悍战斗力的一个很重要的原因。但是华为团队的强悍战斗力，并不只是因为他们拥有这样的信仰，更在于他们对这一信仰的坚定不移的执着和在工作上不遗余力的落实。华为通过销售人员的绩效制度把这个信仰跟员工的利益紧紧地捆绑在了一起。这是信仰落地和执行的不可或缺的环节，没有了这一个环节，信仰就只能被贴在墙上了。

目标一致，所有人的目标都是团队的目标

有一个粗看起来非常简单，但是后来成为公认的世界性难题的问题，就是一加一的问题。关于一加一等于几，这个问题来自不同领域、拥有不同知识背景的人在各种不同情况下能够给出上百种各不相同的答案。而且每一种答案都能够保证在特殊的条件和场景下的正确性。这个问题也经常会出现在管理者拓展培训的课堂上，我们在课堂上讨论这一问题的时候，讨论的重点是一加一为什么在管理上不一定等于二。要圆满地回答这个问题，就需要设置具体的场景。比如说，一个成年男子在用尽全力的情况下能搬起70公斤的重物，那么现在有一个140公斤的重物，是不是只要两个成年男子就一定能搬起呢？这个答案是否定的，因为这涉及一个力的合成的问题。我们现实当中很难保证这两个人的力的方向是完全一致的，所以这种情况很难实现。

与这个问题相类似的还有一个用经济学来算管理账的理念，大意是这样的：在一般情况下一个10个人的团队只能产生5~7个人的价值。而

一个高效的管理者所做的就是让这个只能产生5~7个人的价值的10人团队产生12~15个人的价值。并因此而拿走两个或者三个人的报酬。这就是为什么管理者比其他的团队成员要贵很多，这就是高效管理者的价值所在。虽然看起来很贵，但是对于老板来说仍然是不错的选择。当然，我们并不准备在这里讨论管理者的薪酬问题。我们接着从高效管理者在提升团队效率时要解决的一个重要的问题说起。先来探讨一下为什么10个人的团队往往只能产生5~7个人的价值。那是因为很多情况下，大家没有一个共同的目标，无法使所有人的力量聚集在一起。作为一个管理者，要想建立好你的团队，就要让员工建立相同的利益立场、相同的利益兴趣和相同的奋斗目标，由此可见，凝聚力的形成就来源于共同的目标。

共同的目标，对于团队来说有两个非常重要的作用。第一，可以为员工指明工作的方向。第二，还可以给员工源源不断地提供前进的精神动力。只有在同一个目标的引领下的团队才是一个真正有战斗力的团队。它是由若干个为了完成共同的目标的员工组成的团体。对于这个团队来说，这个共同的目标既是发展的基础更是存在的基础。共同的目标是对团队实施激励的最好的着力点。一个没有共同目标的团队的前景必然是暗淡的。

日本大荣公司总裁中内功先生在业界最先提倡利用共同目标去统一员工行动。在他的公司的墙上挂着"大荣誓词"，用来统一员工思想，规范员工行为，以形成颇具个性的经营思想，这样的管理让大荣在市场中树立了良好形象。

大荣公司的誓词包含了大荣公司的经营哲学、价值取向以及公司精神，是体现大荣的价值追求的形象口号。大荣誓词包括三个方面：①通过我的工作为顾客提供高质量的生活服务。②真实诚恳，为不断提供物美价廉的商品而劳动。③热爱顾客，热爱商店，努力不已。这些誓词就是中内功追求的企业信念。中内功怀着严谨的经营思想和崇高的社会责任使命来培养和发展人才。尽量低价采购商品，便宜地卖出优质商品，从而达到自己预定的目标。

在目标的统一上，大荣总店和分店实行连锁制经营，从视觉上统一识别、统一认识，办公用品规格化。员工服饰识别分明，进一步弘扬和实践了大荣的经营理念，极大地提高了大荣的知名度，使大荣脱颖而出。

我们再回到团队的目标上来，一般来说目标可分为三种：一种是要在短期内完成的，非常具体的目标。这样的目标我们叫作小目标，小目标是具有非常明显的独特性的。比如一个销售团队中，在一周内每个人都有不同的销售目标。这个目标根据个人能力和现实情况的不同每个人也不尽相同。还有一个是大目标，我们现在说的能够把团队所有成员的力量聚集在一个方向上，形成巨大的凝聚力，并在较长的一个时间段内为团队提供源源不断的激励力量的目标就是这种大目标。这种大目标时间跨度相对较长，可能是一个月，一个季度，或者是一年甚至几年。适用于以部门为单位的小团队。一个充满了激励性的大目标至少要具有三个特性：性感、清晰和利益。这三个元素缺一不可，否则就很难发挥目标的激励性。所谓性感，就是要有情怀、够美丽，要具有诱惑力，要给员工描绘一个天堂般的存在，而且这个天堂里的东西要能够让每一个员工怦然心动。所谓清晰就是要具体、要实际，要告诉员工到达这个天堂的路径和期限。而利益就是要让员工看到，我们所描绘的"天堂"并不是别人家的天堂，而是跟每一个员工都存在着紧密的利益关联性的。还有一种更大的目标叫作企业的愿景，企业愿景的时间跨度更长，可能是几十年、上百年，包括了社会责任在内的所有企业文化的全部内容。适用范围包括整个公司的所有部门。我们在案例当中看到的中内功用来统一员工思想和行动，并激励员工的目标就是这类的大目标。

对于团队管理者来说，想要发挥目标在团队生存和发展中的作用，就得让团队所有的人都在目标上做到统一，不管是小目标、大目标，还是像愿景一样的超级目标。要想做到这一点，就必须从管理者开始，一定要让团队的成员参与目标的制定，在制定目标时鼓励他们充分发表意见，并对他们的意见表示出足够的重视，然后鼓励他们相互讨论彼此的意见。虽然他们的意见到最后不一定会被采纳，但是最好还是都认真地记录下来，这一点对员工来说很重要。如果可以的话，引导他们说出一些可行的意见来。虽然可能领导已经胸有成竹了，但是最好是引导他们，借员工的口说出来。总之，就是要让他们感觉到，这不是公司的目标，不是上司给的目标，而是他们自己的目标，这里面的很多想法都是自己想出来的。想想看，这是大家一起努力的结果，下属们会不会对这个目标具有更高的认同感呢？另外，所有的意见都已经在制定的过程中得到充分的讨论了，它已经是大家统一认可的了。在统一认识的问题上已经没有什么问题了。有了认同感和统一性，这个目标的激励性就已经得到了保证。当然，这一点更多的时候适合我们在制定小目标和大目标时使用。对于公司业已形成的愿景，我们当然也不能置之不理。要知道，它是整个企业未来很长一段时间内的方向和布局，不了解它就不会有全局观。正所谓"不谋全局者，不足谋一域"，没有全局观的团队就不可能很好地在公司的整体布局内做好与其他部门的协作。对于这些目标，管理者要做的就是沟通、沟通、再沟通。直到团队的成员都已经对它有了深刻而全面的了解。

掌握了这些以后，你就等于掌握了破解管理上的一加一小于二的困境的钥匙。如果你有一个10人的团队，你就完全有可能做到让这个团队产出12~15个人的价值，同时你也就有了拿走三个人的价值或者更高的报酬的资本了。那就说明你已经是一位高效的管理者了。

信赖，敢于把后背交给队友

互相信任是一个团队进行高效协作的基础。如果你对一个下属没有基本的信任，他的想法就无法进入你的视野，他的价值自然而然也就不能体现出来。如果你和同事之间没有一种信任的话，你们就会因为相互猜忌而拒绝交流，那么沟通就成了无源之水。而没有交流，相互之间就失去了默契配合的可能性。

在没有信任基因的团队中，表面上看起来大家都是一团和气，但这种和气只是表象，是一种礼貌性的疏离。并不是说没有分歧和没有问题，而是因为大家都害怕带来冲突而选择把所有问题都隐藏起来了。这种情况下没有人想去解决问题，因为在没有信任的情况下去解决问题就是在冒险，这样就会导致更多的问题出现，于是大家开始各行其是，于是问题开始层出不穷，这些问题只能等着像救火队员一样的管理者来解决。

这样的团队没有沟通，没有协作，所有的人都在躲避责任，只有管理者在疲于奔命。管理者就是累死也不能让团队的执行力和战斗力发生什么改变，更不会有什么好的执行结果。高效协作对这样的团队来说简直就是天方夜谭。那么，怎么才能切实增强团队成员之间的信任感呢？我们有不少的管理者采取的是一种看似直接却不怎么有效的方法，即不厌其烦地给员工讲相互信任的重要性，或者请一些讲师来做培训，在培训的课堂上还会加入很多据说能够激发信任感的游戏。

　　说起激发团队信任感的游戏，大家肯定都不会感到陌生，在课堂上运用最多的一个游戏叫作"背摔"或者叫作"信任背摔"。管理者希望通过这个游戏来培养团队成员之间的信任感。每个队员需要轮流站在1.6米左右的背摔台上，身上所有坚硬和尖锐的物体全部拿掉之后，双手反扣脑袋前倾双肘抱紧，身体笔直地向后倒下背摔。其他成员在台下用双手和腿做保护。为了增加游戏的逼真感，有时候还会选择把做背摔的人的双手在胸前绑好。要做到这一点并不是那么容易的事情，很多站在背摔台上的人都会本能地感到恐惧、犹豫。为了给这些犹豫不决的人鼓励打气，这个游戏还专门设立了啦啦队。除了给背摔者做保护的成员之外，其他所有人都要充当啦啦队队员的角色，在背摔者表现出犹豫的时候不停地大声呐喊助威。直到背摔者直挺挺地向后摔下去。但是，即便如此，也不是每个人都能做到的。当然，还会有别的"激励"的方法。惩罚，一种比惩罚自己还要有压力感的惩罚。惩罚犹豫者本人之外的所有人，很多犹豫不决的人都是在团队其他成员的充满怨恨的眼神中才一咬牙摔下去的。不过，还是见过不少始终不肯摔下去的学员。当各种激励措施带来的压力达到他的临界点之后他干脆直接选择退出课堂。

　　当然，这样的情况很多都只是出现在第一次体验这样游戏的学员身上。为什么这么一个游戏会有那么多的困难？一方面是人的本能的恐惧，另一方面是对旁边的人不信任。这是很正常的事情，完全是出自本能的反应。这个游戏笔者在课上很少采用，因为这样强制性的在外力的作用下让他对身边的人产生信任并不见得会有多少作用，而且很多的培训师为了游戏的效果还特意在组队时把相互陌生的人放在一个队里。在这样的一个氛围里就是摔下去了也不见得有多少是信任的成分，就是不敢摔下去的人也不见得就是天生不信任别人的人。

我们应该教会团队的管理者怎么在自己团队当中营造一个让人主动去信任身边的人的氛围，给信任一片成长的沃土。这个逻辑有点像是"北风效应"，想让一个人脱掉他身上厚厚的棉衣，光靠北风怒吼是不行的。你给他多一点阳光，给他多一点温暖，他自己就会脱了。让自己的团队给人带来一种能被信任，也可以去信任身边的人的感觉是一个团队管理者的责任之一。那么团队的管理者到底需要怎么做呢？先把所有带有强制性的因素全部清除干净，不再采用任何的强制性的手段强迫他们给予身边的人以信任。

发挥自己的榜样示范作用，用自己的信任和宽容给员工带来一种被信任和被尊重的感觉，让他们收获一种安全感和精神上的鼓励。一般来说，人在受到信赖时就会产生快乐和满足的感觉，特别是对那些过于谨慎的人如果能给予其足够的信任，那他自然就会有被尊重和信赖的愉悦，就会逐渐转变为对团队、对前程的希望，就会对工作充满激情，并由此迸发出比平时高出很多倍的积极性和主动性。另外还要注意沟通。管理者在沟通过程中尽量多用微笑、肯定和鼓励。不管是单独的沟通还是公开场合的沟通，都是这样。这样的沟通一定要随时进行，让员工从不断的沟通中感受到安全和轻松。

我们来看看星巴克在团队文化建设上的一些做法。星巴克咖啡能够从最早西雅图的一家街头咖啡馆一步步发展到现在在全球34个国家和地区拥有8300家店的一流企业，团队建设的成功也是其成功必不可少的一个重要因素，当然更重要的还有它在品牌打造上的特殊策略。但是星巴克的成功的团队建设是它的品牌质量得以维持的重要手段，同时也是星巴克不可替代的竞争力所在。星巴克对自己的定位是"第三去处"，也就是除了家和公司之外的第三个场所。顾客在这里可以感受到放松、舒服和快乐。这是星巴克公司的最高愿景，所以星巴克以商店为单位的团队所倡导的团队文化是平等快乐。团队文化和企业愿景之间存在着一种高度的统一和融合。他们的逻辑是：这里是贩卖快乐的地方，只有顾客开心了，才能成为店里的回头客；只有员工开心了，才能让顾客感受到开心。而顾客和员工都开心了，公司才可能获得良好的发展，那些股东自然也就会很开心了。在这样的逻辑下星巴克从不要求什么投资回报，却一直在强调快乐的回报。那么他们到底采用了哪些方法呢？

首先，管理者把自己看作最普通的员工。虽然他们从事计划、安排和管理的工作，但他们并不认为自己与众不同，应该享受特殊的权利。他们从不因此而不做普通员工的工作。比方说该公司的国际部主任，就是在去国外的星巴克巡视的时候，也会与店员一起上班，做咖啡，清洗杯碗，打扫店铺甚至洗手间，完全没有架子；在员工眼里，管理者跟他们是一个高效协作的整体，只要工作需要，不管是什么样的工作，领导都会毫不犹豫地去做。

但是这并不意味着所有的人都可以根据自己喜好随便做任何工作，星巴克的每个员工都是有着明确分工的。点菜、收款以及咖啡的制作都有专门的人来负责。星巴克的员工跟其他团队员工的区别就是他们都是一专多能型的，这跟他们既有明确的分工又有高效协作意识的团队文化是分不开的。店里的员工在接受技能培训的时候，所有岗位所要求的技能他们都会学习。这样一来，他们不仅能够首先做好自己的本职工作，还能在同事需要的时候，帮助其他任何一位同事做好其岗位上的工作。这种分工不分家的团队文化是团队高效协作的重要特质。当然这种快乐、平等、分工不分家的高效协作，并不是一下子就可以形成的。所有星巴克的员工，在正式上岗之前都要到总部接受三个月的培训。在这三个月里，他们将学会研磨咖啡的技术，当然还有比这更重要的就是平等、快乐、信任和协作。

我们之前所说的关于增强团队信任感的一软一硬两个方面的因素，在星巴克的团队文化构建中都有明显的体现。软的方面在于团队的领导能够主动到员工中去，主动成为平等、合作的示范者，运用领导者的影响力让这种感觉在团队中传播。硬的方面就在于分工和培训制度。我们之前提出要在一软一硬两个方面下功夫，原因就在于团队的充分信任是需要两个方面的基础的。一个是人的因素，你让我觉得你可信，我可以去尝试给你信任，但是这还不是充分的信任，充分的信任需要有一个规则保证你不在所谓的"不得已""有苦衷"的非常情况下辜负这份信任。这就需要一个硬性的制度保障了。这个制度的作用就是不把信任单纯地建立在自觉性上，而是从制度上给它一种保障。信任不仅要靠人品，还要靠制度。在人品和制度都过硬的团队中，信任的风险性就会得到极大的降低。有了这样的一片沃土，信任自然就会茁壮成长了。最后我们来梳理一下具体的方法。

（1）把目光从外面转移到内部，取消来自团队外部的强制性的信任因素。

（2）发挥领导者的影响力，从微笑、鼓励、信任开始，到员工中去，做他们信任和协作的榜样。

（3）经常性的沟通，引导他们通过沟通的方式解决彼此之间存在的差异和误解。鼓励把心中的顾虑和担心拿出来讨论。

（4）制定完善的协作制度和奖惩制度，提高破坏信任的成本。让他们就像是战场上背靠背的战友一样，如果不对自己战友的后背负责，那自己也将付出生命的代价。

做到以上几点，您所带领的团队就夯实了走向成功的基石。因为您的团队成员之间已经产生了高度的信任感，您拥有高效、有执行力、有战斗力的团队指日可待。

自豪感，让他因团队而自豪

前不久在网上看到一篇文章叫作《京东：让员工感到骄傲》。这篇文章的作者说他在过春节回家的时候，在高铁上遇到一位京东的快递小哥。他看到这位小哥在回家的路上依然穿着公司的红色冲锋衣，衣服上京东的logo显得非常醒目。不仅如此，整个旅途中的大部分时间这位快递小哥都在向同行的朋友们眉飞色舞地说着京东怎么样怎么样。言谈话语之间掩不住兴奋和自豪。

文章的作者说，他原本是非常反感有人在车厢里大声说话的，这对身边的人多少显得有些不够尊重。但是他看着眼前的这个快乐而自豪的快递小哥却怎么也讨厌不起来。对于他的这种想法，我深表认同。我想文章的作者要么就是一个团队的管理者，要么就是一位为这些管理者服务的咨询者。反正他跟笔者一样都是对身边的跟管理相关的现象特别敏感的人。我想如果换了笔者跟这位小哥坐在一个车厢的话，我也一定不会对此感到反感，而且多半还会上前跟小哥攀谈几句。因为我们接触过的很多企业的员工，他们传达的信息就是：如果我的公司或者我的工作不能给我自豪感的话，我会想尽一切办法抹掉这个公司在我身上的印记。所以很多时候他们对待工服就像厌学的学生对待校服一样，只要一有机会就会脱掉，更不要说是在回家的路上穿在身上了。而在作者的讲述里，这位高铁上的快递小哥不但穿着带有公司logo的衣服，还一直不停地向身边的人显示我是京东的员工。读到这里大家肯定就一直不停地在想，京东到底对员工做了什么，让自己的员工成为一个移动的广告牌，而且还是智能可发声的？难道他就是那么地忍不住内心的自豪，逢人就想要炫耀一番？有时候同行者的心是相通的，果然这篇文章的作者也在关心，让员工拥有如此这般的自豪感，京东到底对员工做了什么？最后他在李志刚老师的《创京东》里找到了答案，我们一起来看看京东到底发生了什么。

在京东，刘强东认为员工的优越感和自豪感不能来自口号，而应来自实际。关于这种实实在在的自豪感，刘强东是这么理解的：京东基层福利待遇好的标准之一就是工作五年以后能在老家买一套房。"工作五年买一套房"，不管这套房是在哪里都将是一个爆点。尤其是刚刚参加工作的年轻人，而且大家都知道京东的很多员工都是农村来的孩子，学历和阅历在各大城市的年轻人群中都占不到任何的优势。现在各大城市的年轻人，分类的标准已经不是学历、岗位等传统的标准了，在房价不断飙升的当下，普通年轻人一共就分为两类：有房的和没房的。有房的就有优越感。可以想象，京东的员工五年以后成为有房一族，在同样来自农村的那群小伙伴面前是一种什么样的优越感和自豪感。这比每天早上都要扯着嗓子喊"今天我以公司为荣，明天公司以我为荣"所带来的自豪感可要高出不知道多少倍呢。所以，作为管理者来说，下次再让员工喊类似这样的耳朵口号之前，一定要仔细想一想，公司到底做了什么让员工觉得自豪的事情。如果要你向身边的朋友炫耀你的公司让你感到自豪的地方，你能不能找到足够的事实依据？如果不能，那就再想一想，能不能做些什么成为他们今后向别人炫耀公司的资本。

在京东，刘强东认为，要给员工自豪感，首先要保证员工的利益。凡是属于员工的合理利益，企业一定要给予保障。尤其是那些节省员工五险一金的企业，在刘强东的眼里那是一种耻辱。京东与每个员工都签订合同，为其缴纳保险。这一点看起来好像并不是很难的事吧，但是还有一个事实就是，一向口碑不错的顺丰在这一点上就没有做到。当然，刘强东保证员工的基本利益并不是只满足这个"首先"的基本部分，而是在更加精准地寻找"员工的需求痛点"，然后给予满足。就像我们在奖惩那一环节当中所说的，凡是根据"员工的需求痛点"而实施的精准的激励，它所发挥的效用往往会超出很多人的预期。京东在深圳设点的故事就是这一理念的生动的阐述。当时因为业务的需要，京东需要在深圳设点。但是重新选址，然后招聘人员再做培训肯定是来不及了。直接从别的网点调人过来也不现实。这时候京东就跟深圳韵达的站长来谈。结果第二天一早，这位韵达深圳站的站长就带着自己的团队换装了。服装一换，韵达深圳站就消失了，京东深圳站马上成立。这中间发生了什么？京东答应给深圳站安装空调，要说这并不算是特别大的事情。尤其对于很多大公司的高层来说真的不算是什么大事，而且一个快递站点的空调也不是什么大的支出。但是对于在深圳这个地方工作的快递员来说，在炎热的夏季简直没有什么事情比空调的事情更大了。

独具个性的员工培训。现在是个流行培训和学习的时代，当然也有很多流于形式的培训，特别是那些标准流程下的培训，形式的部分更多一些。就像笔者在关于团队信任感当中提到的一些游戏，单靠这类游戏并不见得就能在多大程度上激发员工对于团队的信任感。员工也不见得喜欢。京东的员工培训一开始也避不开这些因素的影响，早期的很多培训员工也并不满意。但是发现员工满意度很低的刘强东就开始改变，让京东的培训变得别具一格。员工说不满意是因为没吃的、没喝的，那下一次培训中就单独增加点心和饮料的预算，因为刘强东觉得员工参与培训的热情高了，效果自然会变好。

还有，在京东，刘强东给员工自豪感的基本原则是，永远不要站在人性的对立面。用刘强东自己的话说，那就是："对员工好，准没错。企业的失败不是因为对员工好，而是因为没有管理，对员工好跟有管理系统，二者是不矛盾的。"没错，对员工好跟对员工的管理是不矛盾的。对员工的工作实施管理有管理系统和制度负责，所以在制度之外对员工好是没错的。所以，给予员工足够的自豪感，让他以公司为荣，就要给予员工足够的尊重，在合理的范围内给予员工想要的，不剥夺员工应得的，这样让他因为公司感到骄傲。

没有完美的个体，只有完美的团队

我们来看看两个看起来很像的团队，面对这两种很是相像的团队的时候，先不要思考，凭直觉给出答案。我们来做一个情境的假设，同样的一个任务我们交给一个明星团队和一个由明星组成的团队，哪个团队的工作效率会更高一些？需要说明的是，我们说的"明星团队"是指在平时的工作中有着不错表现的团队，那么"明星的团队"就是指一个由各路精英、各个领域的明星人物组成的团队。在说这个结果之前给大家分享一句话："聪明人扎堆容易集体智障。"这样的提法来源于国外的一项针对团队建设而进行的"群体智力"研究活动。这也是个非常典型的一加一小于二的现象。美国的管理学家彼得·圣吉对这种现象也提出过非常著名的疑问："为什么在测试中，团队中个体的智商几乎都达到了120，但组织的整体智商却不到60呢？"

如果这么说显得有些过于学术化的话，之前流行过一个特别有意思的更简单、直白、幽默的段子：说某个人阴差阳错加入一个博士群里，然后向里面的大神提出了一个问题："一滴水从很高很高的地方自由落下，砸到人会不会把人砸伤或者砸死？"于是群里顿时就变得热闹起来了，各种公式、各种假设，各种阻力、重力、加速度的讨论，一直争论了几个小时也没有结果。然后这个人就说："难道你们都没有淋过雨吗？"然后，集体沉默，几秒钟后这个人就被群主踢出来了。为什么一群高智商的博士，会对这样的常识性的问题展开这么长时间的毫无意义的争论？因为他们总是沉浸在自己的世界里而看不到外面的世界。这就是一个博人一乐的梗，但是当一个团队的管理者听到的时候，就应该要想到一些故事之外的东西了。因为管理上类似这样的故事，我们也可以经常见到。针对类似这样的情况，美国服务专家阿尔布莱特说："这就是我们必须在部门管理中警惕聪明人的原因，他们的人数越多，对于组织的危害也就越大。当你把一群聪明人收编进自己的团队后，结果使人们变成了一个集体性愚蠢的群体。"关于这一点，微软加州部门的技术主管德克尔森说得就更加具体了："当我把一群天才同时放到一个问题中时，我会发现他们之间出现了一种只顾相互争吵的白痴状态，他们缺乏团队协作的意愿，都想以自己的思路解决问题，而不会考虑一下别人的见解。"

好了，彼得·圣吉的那个著名问题的最后的答案出来了：都想以自己的思路解决问题，而不会考虑一下别人的见解。聪明人扎堆容易集体智障的原因就在于此，我们再来回答最早提出的那个问题：把同一个任务交给明星团队和一个由明星组成的团队，哪个团队的执行力会高一些？结果已经很明显了，明星组成的团队多半比不过那个明星团队。因为精英扎堆同样会造成团队执行力的弱化。

这些精英都会自以为实力很强，便以为凭借个人的能力，完全可以搞定一切，在这种心态的影响下很可能连上司的意见也置若罔闻，更别说是其他同事的意见了。如果这样的精英分子团队中有10个，那么团队在面对同一个问题的时候就可能朝着10个方向去努力，这样的结果就可想而知了。我们来看看现实中的那些例子。

2004年在希腊雅典举行的第28届雅典奥运会上，雅典奥林匹克体育场举行了一场引人注目的比赛——男子4×100米接力赛，美国队派出了他们的"梦幻组合"格外引人注目。

美国的这个"梦幻组合"，号称是1992年以来最豪华的阵容，队员个个是大牌。新老"百米飞人"盖特林、格林都在这个组合中。但是就是这样一个赛前夺冠呼声最高的团队，到了比赛的时候却因为第二棒的盖特林和第三棒的米勒交接棒失误而与冠军失之交臂，为什么？就是因为他们之间的协作不够协调。在工作中也是这样，在一个团队里，如果只强调个人的力量，不管你拥有多么强的能力，也很难创造更高的价值。所以有一个观念叫作"没有完美的个人，只有完美的团队"，这一点应该被所有的管理者牢记在心里。

我们在前面用人的环节提到过的"刺头"就包括这样的人在内，在我们的团队中这样的人并不少见，他们虽然因为拥有过人的才华而受到管理者的青睐，但是同样也会因为不懂得跟其他同事的协作而让领导头疼不已。如果不做改变，这样的人跟那些不够聪明却勤奋的人一样，最后都难摆脱被管理者清理出团队的命运。

在北京的一家本田汽车的4S店里，有一位姓姜的经理曾经讲过一个让他感到左右为难的员工。这个小伙子原来在别的店里工作，是在一次参加厂家举办的酒会上认识的，当时感觉小伙子谈吐不俗，感觉应该不是一般的销售人员。后来就在圈里悄悄打听，得知这个小伙子是他们店里的金牌销售，店里十几个销售员，他一个人的业绩就占了小一半，有时候他的业绩甚至能超过整个团队业绩的一半。这样的人才在姜经理的眼里简直是个宝，就渐渐地跟他接触得多了。有一次喝酒的时候，那个小伙子跟他说现在工作很不顺心，店里的人都对他的业绩羡慕嫉妒恨，就连他们店的经理都给他小鞋穿。他的这番话正中姜经理的下怀，他早就有意把这个小伙子挖到自己的店里来，但是碍于大家都是一个圈子里的，跟他们的经理也有过一面之缘，所以犹豫再三，总是找不到机会开口。现在正好机会合适，就开出比其他销售员高出百分之五十的工资把这个小伙子招进了自己的团队。

两个月过去了，姜经理真为自己的这个决定而高兴。这个小伙子在这两个月里的业绩大大地刺激了店里原来的销售员。但是从第三个月开始，他感觉店里其他人的情况有些不对劲。他以为是店里的这些老人对新人的销售业绩感到嫉妒的原因，还在心里跟自己说，正是因为小伙子原来的团队和经理对他的嫉妒才能挖到这个人才，现在可不能再因为这个而让他再跑到别人那里去。还一再地跟原来的员工谈话，让他们对新人要宽容，要注意团队的团结。但是，在这个小伙子来之后的第四个月月初，姜经理接到了店里几个销售骨干一起交上来的辞职报告。这次他感觉到了事情的严重性，跟这几个销售骨干进行了一次长谈。这才了解到他们辞职的原因所在。原来，这个小伙子销售能力确实很强。他刚来没多长时间大家就发现了这一点，还都挺佩服他。因为做销售的就是这样，业绩就是硬道理。但是事情渐渐就不对了，也许他觉得自己很有资本吧，把谁都不放在眼里，店里有顾客他肯定会第一个迎上去，不给别人任何机会。这时候大家也就是觉得他可能霸道一些，牛人嘛都这样。但是，后来他开始干涉其他的同事，公然从别人手里抢单子。别人谈得好好的客户，他突然就会插进来说："你说的那些都不对，你先去忙别的去吧，我来介绍。"然后就把别的同事晾在一边，自己来带客户。为了不当着顾客的面闹矛盾，他们一开始也忍了。但是后来就起了争执，这小伙子一开口就是："你们有什么资格跟我说这些，知不知道这里谁的业绩最高，你们都是靠我来养活的，知道吗？"在店里看车的客户当场就走了好几拨。他们想跟姜经理聊聊，但是恰好姜经理先一步跟他们说要注意团队的团结。他们以为这个小伙子跟姜经理有什么特殊关系，或者有什么其他背景，考虑再三就决定一起离开了。

最后，姜经理还是请这个小伙子离开了，也许姜经理和他的团队在他嘴里又成了新的和给他小鞋穿的经理和嫉妒的同事了。但是没办法，姜经理不能因为他而毁掉整个团队。当然，说到这里需要重申一句话，那就是：并不是说我们的团队不需要能力强的人，优秀的成员。如果这样理解的话，我们就又成了那些只顾着讨论重力加速度而忘记自己淋雨也不会被砸死这个常识的"聪明人"了。因为管理的一个常识就是，聪明人和能力强的员工到哪里都会受到欢迎。有时候一个能力强的管理者还有可能会改变一家公司的命运，这也是个常识。我们需要再次明确我们在讨论什么。我们讨论的主题是，没有完美的个人，只有完美的团队。再聪明的，能力再强的员工也要具有团队精神，有大局观，懂得协作，能够理解并接受我们的团队文化。不然就算是再能干，也要请他离开我们的团队。

拒绝谣言，做到"三个统一"

一个高效的团队势必要讲究"三个统一"：统一口径、统一思想、统一行动。这三个统一的关系又是这样的：统一口径决定统一思想，统一思想决定统一行动。也就是说只有口径统一了，思想才能统一；只有思想统一了，行动才能统一；只有行动统一了，团队才能有高效的执行和好的结果。所以，最后的结果就是统一口径是团队高效执行和良好结果的非常重要的前提。面对同一个目标，执行方案只能有一种说法，面对公司的重要事件，也只能有一种声音。当然，这里说的一种说法和一种声音是指在事情的执行阶段。而如果是在事情的讨论阶段的话，多种方案和多种声音不仅是应该的，还要受到管理者的大力提倡和奖励。不过也仅仅是讨论阶段才行，有句话叫作："会上什么都可以说，会后什么都不能说。"这句话说的就是这个道理。谈论时，在会上公开说，那叫建言献策，要积极讨论，就算是依据不足或者带有情绪那也是直抒胸臆，这种情况是被很多优秀的领导者所允许的。因为不管是什么样的想法和观点，只有在讨论的时候说出来，才能尽早地得到解决，避免在后期造成更大的麻烦。不过要是会上不说，会后乱说的话，那就成了对三个统一的最大的破坏因素，就成了团队当中的谣言了。谣言向来是团队建设最大的忌讳，这些谣言的制造者和传播者更是。

但是这类谣言还不是最糟糕的，比这更糟糕的是那些无中生有，恶意中伤，捕风捉影，扰乱视听的谣言。这样的谣言对团队的凝聚力和执行力都是极大的伤害。作为团队的管理者遇上这样的情况，唯一一种正确的做法就是请这样的人立即离开自己的团队。

索菲亚是公司老板最器重的一个年轻人，她拥有名校的背景和出众的工作能力，再加上勤奋好学的态度和良好的气质形象使得她很快就在同事当中获得了很大的影响力，同时也得到了老板的赏识，老板已经把她当作公司的储备干部来培养。如果不出意外的话，半年内她就将获得晋升的机会。对于这一点，公司的同事们都深信不疑，包括索菲亚自己在内。但是意外还是发生了，原本众望所归的晋升热门人选索菲亚，不仅没在半年内获得晋升，还在两个月前被老板辞退了。这一切初看貌似出人意料，但是仔细想想却也在情理之中。

原来索菲亚有一个致命的缺点，那就是喜欢传播各种小道消息。她在平时也没少发布未经证实的消息，但都是一些无关紧要的事。由于她出众的业务能力和肯于帮助同事，大家也都不当回事。但是这一次，情况非常严重。原来大概三个月之前的某一天，索菲亚开始悄悄地给身边的同事说公司遇到麻烦了，而且还是很大的麻烦。由于公司经营不善，已经沦落到被其他公司收购的地步了，收购的事情已经谈得差不多了，只等最后签字，公司就要搬到别的地方跟收购他们的公司一起办公了。这么大的事情本来同事们也是将信将疑的，但是索菲亚每一次都说得郑重其事。后来有些人想到她毕竟是老板准备提拔的人，跟老板的关系肯定会更近一些，慢慢地也就信以为真了。

这个消息对他们来说无疑是一枚重磅炸弹，公司被收购还得要搬家，他们不得不考虑自己的出路问题。于是他们再也无法安心工作了，很多人开始在上班的时候寻找新的公司，向心仪的公司发简历，甚至还有几个同事请假去面试为新的工作做准备。没有开始找工作的同事也是整天忧心忡忡的。员工这种反常的状态被老板乔纳森发现了，乔纳森开始找大家谈话，却被员工说成是不够诚信，在公司被正式收购之前应该尊重一下他们的意见，让他们自己选择去留。这些话让乔纳森感到非常愤怒，了解情况之后他把索菲亚叫来：

"索菲亚，请给我一个解释。我需要知道到底是谁告诉你公司被其他公司收购的消息的。"

"并没有什么别的人告诉我，我是听您说的，乔纳森先生。"

"你是在跟我开玩笑吗，索菲亚？我怎么会告诉你这么莫名其妙的事情？"

"也不完全是这样，我是在门外听您打电话时说的。您还说您真的很想继续待在这里，但是现实已经不允许了。您不得不考虑换一个地方……"

"我是说我要换一个地方住，我需要搬家，住得离公司更近一些明白吗？"

虽然之后乔纳森极力地去挽回，但还是有两个骨干已经在这期间谈好了新的公司而不得不离开，一同离开的还有索菲亚。像索菲亚的这种情况虽然看起来非常糟糕，但确实是最好解决的一种，因为这完全是一种捕风捉影的无稽之谈，团队的管理者处理这种情况时，只需要手腕够硬就好。不管你有什么样的能力和对公司有什么样的贡献，出现这样的情况就必须把他请出去。管理者只要按照这个标准来做就好。这也是很多"老师"在谈到这一问题的时候，都会给出的方案。但是，凡事都有一个然后，这个然后能够让我们对问题的思考更加深入，对问题的解决也更加彻底。在这个问题上，我们同样需要问一句：然后呢？

为什么要问个然后，因为谣言也需要生长和传播的土壤。只要这片土壤没变，你就是采用雷霆手段把谣言的传播者果断清理出去了，也不能解决问题。就像是乔纳森，把索菲亚开除了，那以后传播谣言的可能就会变成沙曼萨，你再把沙曼萨开除了，会不会又出来个詹姆斯？这肯定会的。谣言就像是恶性肿瘤，只要身体内的环境适合肿瘤细胞的生存和扩散，今天切除了一个器官，明天它又转移到了别的器官上，人的机体能有多少器官可供切除？况且，几次切除手术以后机体的抵抗力和免疫力就已经彻底崩溃了。这跟团队是一样的，经历过几次谣言的伤害之后，什么团队精神、凝聚力、执行力就都不行了。况且并不是所有的谣言都是像索菲亚那样的情况。

Mia是一家软件公司的高层管理者，最近因为一个部门负责人的个人问题，将其解雇了。于是，受这个重大人事变动的影响，一时之间部门其他的人变得人心惶惶。所有人都在做各种猜测，关于公司解雇这位负责人的原因，以及接下来会不会解雇更多人的各种小道消息不胫而走。该部门的工作状态受到了非常大的影响。最让Mia感到苦恼的是，她不知道该怎么处理这种局面。

像这种情况显然更加棘手，虽然四处传播的小道消息都属于谣言，却不能像乔纳森对待索菲亚那样直接开除。Mia绝对不可能开除所有对事情的走向做出猜测的员工。还有我们在前面提到过的，那些会上不充分发表意见，但是在执行的过程中不能做到思想和言行统一的员工，显然也不能简单开除了事。那么，正确的做法是怎样的？以下三种处理意见供大家根据具体的情境做出选择。

（1）捕风捉影，无中生有的。首先要做的就是将谣言的传播者清理出团队，然后重新审视团队的沟通机制是否存在障碍，通过更加有效的沟通破坏掉谣言生存的土壤。

（2）讨论过程中不充分发表自己的意见，在执行阶段不能做到统一的。要先进行有效的沟通，明确"会上什么都能说，会后什么都不能说"的原则，反复沟通无效的，坚决清理出团队。

（3）对于团队的重大事件，事实缺位而引起员工各种猜测的。管理者一定要注意信息的透明性和沟通的及时性。有变动要及时、主动地与员工沟通，做到信息透明，真相永不缺位。把员工因猜测而起的谣言，消灭在萌芽状态。

很多管理者都明白要坚决果断地清除谣言的传播者，要让传播谣言的人离开自己的团队。管理者一定要够狠，不让自己的团队文化中有谣言的影子。这么做本身没有什么不妥，只不过还不够，只有够狠是不够的。还要具体分析谣言的起因和类型，根据具体情况采取最佳的处理方法。管理者除了要够狠之外还要懂一点谣言心理学，明确容易引发谣言的三种情况：发生与员工的切身利益密切相关的变动；真相缺位，事实没能通过官方形式正式呈现给员工；整个团队缺乏公信力，员工对于管理者给出的正式说法不相信。这三个要素，是管理者在处理谣言问题时首先要考虑的三个核心要素。谣言未起的时候，经常检查团队在这三个方面的状态。发现谣言之后也是用这三个要素进行自查，如果这三方面管理者都做到了，那么果断清除谣言传播者就好了。

第七章

制度狠一点，制度不狠、团队不稳

管理必须明示标准原则，而规章制度正是一种标准，必须明示员工该做什么，不该做什么，做什么会受到奖赏，做什么会被处罚，做到什么程度会受到什么样的奖励和处罚。

铁一样的团队需要铁一样的制度

经常听到的一句话叫作：铁打的营盘流水的兵。却很少有人去想为什么兵像流水一样来去匆匆，而营盘却能像铁打的一样屹立不动。这个问题别人不考虑无关紧要，但是做团队管理的人一定要对这个问题做深入的思考。只有你考虑明白这个问题，你的团队才能像铁打的营盘一样，不管团队当中的成员来了多少，或者是走了多少，你的团队依旧是那个能打、能拼，铁一样的团队。

为什么士兵像流水一般来去匆匆，而营盘却能像铁铸一般屹立不动？就是因为营盘是个有规矩的地方，铁一般的营盘靠的是铁一般的制度。不管你从哪里来，不管你来之前是什么样，也不管你是谁，只要进了这个营盘，你就在制度的管辖之下。做制度规定你做的，远离制度禁止你做的，按照制度规定的时间、地点和方法做到制度规定的程度。你不想做没关系，你做不好也没关系，铁一样的制度会不停地抽打你去做，直到做好。等到你做好了，制度还会给你想要的激励，让你做得更好。只要你进来，制度就与你如影随形。你要么离开，要么执行。

团队管理也是一样，铁一样的团队也需要有铁一样的制度。把每一个进入团队里的人都变成有规矩的人。著名管理咨询家刘光起先生也说："管理就是管出道理，道理就是规范规则。"这里所说的"规范、规则"指的就是团队当中的各项规章制度。没有一套好的规章制度，团队就会变成一盘散沙，秩序和高效都会变得荡然无存。毫不夸张地说，一套制度的好坏，直接决定着一个团队的好坏。

有一个八个和尚分粥喝的故事，讲的就是这个道理。同样的八个人聚集在一起，采用不同的规则分粥其结果是完全不一样的。他们一开始采取抓阄的形式决定谁来分粥，结果总是那个负责分粥的人能吃饱。这很不公平。后来让一个看起来道德高尚的人来分粥，但是时间一久由于他们对分粥者的讨好和贿赂，高尚的人也变得不高尚了，还是很不公平。再后来，他们组成了三个人的分粥委员会和四个人的监督委员会。这样一来，分粥委员会和监督委员会就陷入了无休止的争吵之中。还没等争吵出个结果，桶里的粥早就已经凉透了。最后，他们让八个人来轮流分粥，但是分粥的人要等其他七个人都选完之后选剩下的那一碗。这样一来，这个团队中就没有了争吵和不公，气氛变得和谐了很多，干活的时候大家的劲头也提高了不少。

人没变，从头到尾都是那八个和尚；资源没变，每天要分的粥还是不够喝，但是团队的气氛和公平性却变了，干活的劲头和效率也变了。都是因为分配的制度变了，制度好就好，制度坏就坏。

春秋时期，伍子胥向吴王阖闾推荐孙武，为了验证孙武的军事才能，就从宫中挑出180名宫女交给孙武操练。这当中还有吴王最宠爱的两个妃子。

这180名宫女被孙武分成两队，吴王最宠爱的两个妃子成了这两队的队长。孙武在对这些宫女交代了前后左右等最基本的常识以后，就命人将执法用的斧钺立在旁边，然后开始反复申明军法。所有人都听明白以后就开始击鼓发令。这些平时在后宫嬉闹惯了的宫女，只是觉得孙武的这种举动非常好玩，个个捧腹大笑，完全不顾什么军令。这种情况下孙武再一次对这些宫女说："你们对军令军法不熟悉，是因为我讲得不明确。错在将帅。"

孙武再次开始反复申明军法。三令五申之后，第二次击鼓发令。这一次的情况并不比上一次好，宫女们仍然是自顾大笑，没人理会孙武的指令。

"规定不明确，军令军法不熟悉，是将帅之错；既然已反复地说明了，仍不执行命令，那就是下级士官的错了。"

这些话说完以后，孙武没有再次重申军法而是直接下令，把带头嬉闹不遵指令的两个队长处以军法。在一旁观看的吴王一看自己最喜欢的两个妃子马上就要被杀掉了，便急忙派人来求情，却被孙武断然回绝道："臣既然已受命为将，将在军中，君命有所不受。"

看到两个带头嬉闹的队长被当众处以军法，不管是坐在一旁观看的吴王，还是站在队列中的宫女都是震惊无比。第三次孙武开始击鼓发令，原本弯曲的队形瞬间变得笔直。跟随着指令所有人的动作都变得整齐划一，队伍中也再没有嬉闹的声音了。

训练有成后，孙武请吴王前来检阅，但是吴王却因为自己的两个妃子被杀而无心观看。孙武主动去见吴王并向吴王陈情："自古带兵之道，最重要的就是令行禁止、赏罚分明。只有这样才能号令千军，打仗才能克敌制胜。"

什么是铁的制度，这就是铁的制度，所有的要求和指令，清楚明白，并三令五申，但是拒不执行者，就必须严格按照制度执行，任何外来压力的干扰都不能影响制度的执行，这样的制度才是铁一样的制度。拥有这样铁一样的制度，就算是一群整日嬉闹于后宫的宫女，也能打造成一支训练有素的队伍。这就是铁的制度对于一支铁一样的团队的重要作用。

敢于把权力交给制度

　　要在团队中推行制度管理，有两个先决条件是必不可少的。一个是看得见的，一个是看不见的。看得见的是制度规定的条文，看不见的是管理者实行制度管理的决心和态度。第一个条件看起来很难，实际上要简单一些，因为一切都是有章可循的，只要把团队的实际问题或可能出现的问题列出来有针对性地做出具体的条款，然后在管理的实践中慢慢磨合和调整就可以了。倒是第二个，管理者的态度和决心，因为是主观的所以具有太多的不确定性。有些管理者口口声声喊着要实行制度管理，但是真的要在团队中推行制度管理的话，他却成了最大的障碍。

　　出现这种情况的原因何在？因为从本质上来说，制度是来跟管理者分权的。这就意味着那些已经习惯了人治的管理者从此以后再也不能凭着自己的喜好来做事情了。在一个高度制度化管理的团队内部，员工对制度本身的敬畏要远远高于管理者。这样一来管理者就没有了往日的那种"当官"的威风了，这种强烈的心理失落感会让他感到恐惧。这有点像我们熟悉至极的叶公，那个喜欢龙喜欢到废寝忘食但是看到真龙之后却会抱头鼠窜的叶公。那个叶公真正喜欢的是画在墙上的，绣在衣服、鞋、帽上的，刻在各种器物上的龙。因为面对这样的龙他可以端详、可以抚摸、可以臆想。所有的一切都在自己的掌控当中，龙的矫健和霸气都存在于自己的脑海里。但是真龙却有自己的一套行事方式和逻辑，这是不以叶公的意志为转移的。如果一旦自己的行为不符合真龙的思维逻辑，真龙的矫健和霸气随时都有可能对他造成伤害。

那些表面上支持制度化管理的人，和叶公好龙背后的逻辑是一样的。一旦要进行制度化管理，就得先确立制度在管理中的地位。而制度一旦确立，管理者在它面前的掌控感就不存在了。完整的制度有一套自己的行事方式和逻辑，选择制度化管理就得放掉自己手中的部分权力，按照制度的逻辑行事。否则，手中握有权力的管理者就会成为制度化的最大障碍，而那些制度就只能像叶公喜欢的那些画出来的龙一样，成为纯粹的摆设。

有一位经理手下有张姓和李姓两位主管的业务能力都比较突出。这当中张姓主管行事风格跟经理比较像，李姓主管虽然性格和行事方式跟经理存在着不小的反差，但是他的业绩也总是会有不错的表现。因为性格相似，经理跟张姓主管私下里接触得比较多，对他的感觉也比较好一些。由于表现突出，公司准备给予这位经理晋升的机会，让他在走之前选出一个人接替他的位置。张姓和李姓主管是接替他的热门人选，两个人也都使出了浑身解数。从自己的内心来讲，他希望张姓主管来出任下一任经理。如果张姓主管接任的话，自己原来的很多措施和部署都能得以保留下来。因为张姓主管做事的风格跟自己很像，也比较听自己的话。他也曾跟张姓主管透露过这个意思，希望他一定要尽自己的最大努力在这次竞选中胜出，自己是倾向于由他来接替经理的位置的。

但是一场你争我夺的竞选下来，两个人竟然不分上下。各个环节中虽然行事风格各异，但是结果却是几乎不差分毫。最后只能进行民意调查了，在匿名形式的民意调查中李姓主管以高出一票的轻微优势胜出。这样一来，最后的决定权就落在了这位经理的手里。作为部门的原经理，如果愿意他完全能够改变这个结果，而且这样看起来也算不上是违规。因为出现这种几乎完全不分伯仲的情况，说明这两人都有接任经理的能力。按理说这时候上一任经理是可以做出推荐的。但是如果他提出对张姓经理的推荐让他接任的话，最起码在形式上是违背公开透明的竞选结果的，虽然只是一票的区别。

如果你是这位经理，你会怎么做？这个问题我们稍做思考。这只是制度和权力对峙的一种情况，还有一种情况也是比较常见的，那就是当制度直接撞上手握权力的管理者本人的时候。不过，从实际情况来看，第二种情况虽然看起来比较困难，但是很多管理者在自己触碰到制度的时候都会做出正确的选择。这样的例子有很多，基本上每家著名的企业当中都能找出这样的管理者。比如说联想，联想的柳传志自己给自己罚站的故事就被流传成了一个段子，几乎成了联想管理的特色之一了。据说从这一制度的出台，到这个故事被传出，这中间柳传志被自己的制度处罚了三次。其中一次还是因为电梯出了故障，在别人都在开会的时候，他却被关在了电梯里。虽然大声呼喊，还是过了很长时间才被人发现。因为按照公司的要求，这个时间大家都在开会呢。最后被大家从电梯里解救出来的柳传志还是坚持要给自己罚站。

我们再看上面的问题，如果你是这位经理，你会做出怎样的选择？我们先说这位经理自己的选择，你只需要把答案告诉自己。

这位经理最后按照投票的结果，选择李姓主管接任下一任的经理。原因就是既然已经进行了公开、透明的竞选，就把最后的决定权交给竞选制度，任何形式的干预都是权力对制度的不尊重。能够做出这样选择的管理者才是真正有决心要推行制度化管理的，做到这一点比用自己的制度处罚自己的管理者更值得尊敬。因为用自己的制度惩罚自己的情况都有一个显性的事实，就是管理者确实已经违反了制度，不管是基于什么样的原因。任何清醒理智的管理者，做到这一点其实并不是太难。反而是第一种情况，它的对错并不那么明显，而且制度的指向又不是自己。对于一个管理者来说，管住自己不做错的事情不难，但是要是在对错并不是十分明显的情况下管住想要伸手干预的冲动就真的很难。所以，要想推行真正的制度化管理，就要有狠下心来把自己手中的权力关进制度的笼子里的决心和勇气，否则就只能跟好龙的叶公一样了。

好的制度要明确对和错

对于团队管理者来说，想要真正发挥制度管理的作用，就应先让员工知道什么是对的，什么是错的，什么应该做，什么不应该做，提倡什么和禁止什么。正所谓"知乃行之始，行乃知之成"，如果一套制度不能让员工清楚明了地知道这些问题，那就是一套失败的制度。

看一个团队的制度成功与否，从几个不起眼的细节当中我们就可以做出个大致的判断。就看管理者在跟犯错员工的谈话中是不是经常出现下面的这几种句式：

你不知道自己错在哪里？

这件事情你不清楚怎么做？

公司没告诉你怎么做吗？

你不知道公司有这样的规定？

公司难道没有给你培训过吗？

通常情况下，面对犯了错误的员工，如果管理者经常性地发出类似这样的反问，而员工经常性地保持沉默的话，那就说明，我们有必要对这个团队的管理制度重新进行考量了。可能是制度规定得不够细致，抑或是细致但不够明确，也有可能是够细致也够明确，但是在传达给员工的环节中出了问题。不管怎样，这都属于制度层面的问题。在这一点上，日本的7-11公司的做法就值得我们借鉴。7-11公司对员工的行为管理非常规范，形成了制度化和书面化的管理流程。我们用店员的活动做个例子。

7-11公司制定了非常详细的员工日工作表。通过这个表，员工能够清楚地知道自己应该在什么时间做什么事情。不仅对那些需要大块时间的工作有具体的规定，就连那些相对零碎的时间和空闲时间内的做法也有很多的提示。诸如"空闲时做其他事""下班后到车站周围走走看看""把东西放回到原来的地方"等。

7-11店员的日工作计划表是用直方图的形式呈现的，其中横轴上显示的是以小时为单位划分的24小时时段，纵轴用来填写每个店员的名字。直方图的起点和终点代表的是员工工作开始和结束的时间。所有的工作内容都填写在直方图的中央。填写在中央位置的工作项目包含的内容也特别丰富，通常会包括清扫、订货、检验商品、检查商品新鲜度、商品上架陈列、检查温度、补充消耗品、货币兑换、制定销售日报等。利用日工作计划表对员工的行为进行规范，只是7-11公司规范化管理的一部分。他们还对员工的每一项任务做出了更加细致的要求。其中，清扫工作是7-11公司比较看重，也是规定最为细致的一项。公司规定店员每天清早的工作内容有：店门口的清扫、停车场的清扫、店内地板的清扫、电灯的擦拭、复印机的擦拭、招牌的擦拭、柜台周围的清扫、超市垃圾袋的更换、垃圾箱的清扫、食品柜台的冲洗、电力设施的擦拭、公用电话的擦拭等。不仅如此，他们除了对清扫内容做出规定之外，甚至对清扫的方式都做了详细的规定。比如说员工在各项清扫活动中应该用什么样的工具，用什么样的洗涤品，以什么样的方式清扫以及清扫的顺序都做了非常详细的规定。就连清扫的时间也在任务计划表上做了明确的标注。

而且7-11公司不仅通过工作计划表来规范员工的行为，还特别重视后期的检查与评估。与此对应的还有一张工作检查表，在工作检查表中列出了所有作业项目，每个人对照各项目的要求来检查自己的执行情况。这种检查一般以每半个月为单位进行。公司根据各项工作的执行情况，再制订出一份下一个时间单位的工作计划表或具体指导方案。

是不是感觉7-11公司的这种员工行为规范管理已经非常细致，非常完善了呢？但这仍然不是全部，7-11公司还有一份流程规划表对结算时的待客行为进行规范，这当中也有非常细致的规定。比如：顾客结算时，必须高喊"欢迎您"；面对顾客时同事之间不能窃窃私语；面对认识的顾客不能随意聊天；必须在结账时清楚地知道顾客所购商品的名称、价格；确认顾客预交款，在未完全结账前不能把预交款放进收款机；当顾客购买的是盒饭或者食品时，要问一句"需要加热吗"；必须给顾客收条；顾客等待时，一定要说"让您久等了"；只有一个人负责结账，而等待结账的顾客较多时，要向同事高喊"请帮顾客结账"；当很多顾客在另一处等待结账时，要说"请到这边结账"；加热后的商品必须手持交给顾客，以保证商品是温的。

看完这么细致完备而又明确的员工规划管理制度，你觉得当员工有什么做得不到位的地方的时候，管理者还用不用一遍遍地询问"知不知道哪里做错了"？肯定不会的。当然，7-11公司的这些规范制度绝不是制定完了就放在一边的。在员工上岗之前他们会进行系统的培训，其中的重点就是对这些制度进行考核，以确保员工对这些要求都已经牢记于心。实际上，在日本这样的规范制度并不是只有7-11公司一家。这样细致而明确的规定对于公司的服务水平的提升是有着非常大的帮助的。亲身感受到的就是日资企业和国内企业服务水平的差距。同样作为超市就拿我们的物美和日资的永旺来做对比，在物美超市购物结账时经常能听到两个收银员在相互聊天，而在笔者公司附近的一家永旺超市里这样的情况就从没有过。

　　当然，用这家公司的规范管理做例子，并不是说所有团队的管理制度都要细致到这种程度。实际上也并不是所有的公司、所有的岗位都适用于这样细致的规定的。但是不管是什么样的公司、什么样的岗位，有几个特别重要的关键点是一定要做到的，否则就会给后期的团队管理造成非常大的麻烦。比如辞退过失、奖励细则、晋升细则以及降职细则等，都必须做到清晰明了，还要让员工学习后签字确认，不然任何环节的疏漏都有可能导致后期的被动局面。

　　曾经遇到过一家与被辞员工对簿公堂的公司。这家公司的管理制度中对什么情况下公司可以无偿辞退员工的条款有细致明确的规定。一般情况下，员工在入职时都要花一整天的时间学习并签字确认。但是，由于人力部门负责人的疏忽，一个员工在学习完成后没有签字确认。后来这个员工因为触犯了公司的规定而被公司辞退，这个员工以不清楚这样的规定为由要求公司予以补偿。最后对簿公堂，而法院最后竟然判处公司败诉。

　　管理必须明示标准原则，而规章制度正是一种标准，必须明示员工该做什么，不该做什么，做什么会受到奖赏，做什么会被处罚，做到什么程度会受到什么样的奖励和处罚。

实用才好，别拿制度当花瓶

所有的管理者都知道一套好的制度对于团队管理的重要性，所以肯花大量的时间和精力用在制度的构架和完善上。甚至有些规模并不大的公司，也会在这方面投入较大的成本。还有一些管理者恨不得有一套放之四海而皆准的标准制度，拿来就可以用，用了就能管理好团队。这既是一种典型的懒惰和投机心理的体现，又跟对制度管理的片面理解有关。有一位刚刚开始创业的朋友不无得意地说他要对自己的团队实行制度化和精细化管理。这事听起来有些不太靠谱，对于一个小公司来说实行制度化管理还可以理解，但是无论如何也谈不上精细化管理。于是就让他把事情说得更加详细一些。结果这位朋友直接从办公桌里取出一份厚达几十页的团队管理制度。这就让人觉得有些不可思议，因为以他目前公司的规模来说，即使要进行制度化管理，也完全用不上这么烦琐的管理制度。他目前公司的员工，包括他在内一共才十来个人，他既是老板又是团队的管理者，同时又是业务骨干。他天天都有大把的时间跟他的团队待在一起。

　　其实以他目前公司的状态来看，靠领导者的个人感召力来实施团队管理可能还要更加靠谱一些。当然这并不是说，这样的小规模团队就不需要制度或者不需要制度管理。一些必要的考勤制度、奖惩制度、工资发放制度等核心的规则和约束是跟团队的规模没有太大关系的。但是一个十来个人的，天天都在管理者眼皮子底下的团队完全没有必要弄出这样一份好几十页的管理制度。而且这样的一份全国通用的管理制度，多半是华而不实的。这种华而不实不在于理论上的正确性，而在于制度的可行性。就像他说的那样："这份管理制度是请专业的机构当中的专业人士制定的。"

　　能看出来，这份管理制度的理论高度和严谨度确实显得十分专业。我没有具体询问这样的一套管理制度的成本是多少，但从他对这套制度的珍爱程度来看，应该是花了大价钱的。但是最让人担心的就是他怎么在这个十来个人的团队中把这上千条的管理条款执行下去，因为制度是用来执行的，不是用来装点门面的，并不是越花哨或者是越华丽越好的。它的出发点和最终的落脚点都是公司的利益，要能够让管理者用公司最少的资源耗费，对团队的工作效率做最大限度的提升，这是衡量一套管理制度的核心标准，至于条款的多少那就要根据具体的情况来定了。但是有一点是十分确定的，绝不能因为过于烦琐而使管理者和被管理者都要投入过多的时间和精力而造成对工作的影响。

　　一家国内知名的家具销售集团公司，近年来致力于提升员工的素质和学习能力，在打造学习型团队上没少下功夫。从2017年3月开始，某地区的分店开展了一项学习活动叫作"一日一悟"。规定从分店总经理以下所有员工，每天读一篇励志类文章，并上交一篇千字左右的感悟。

于是，所有在朋友圈出现的鸡汤文都成为这家员工眼中的香饽饽。忙于工作的他们就将找到的文章直接上交。但是同一个时间段内刷爆朋友圈的文章也就那么几篇，所以领导收到的转载来的学习"感悟"就出现了大量撞车的情况。于是，从第二周开始，总经理亲自命题，给出一篇文章，然后下班的时候大家上交感悟。这样一来，转载的少了，交不上来的却多了。接着，领导又出台了处罚措施，于是，整个家居卖场内就变成了一个大型的流动性课堂，随时都能发现员工在绞尽脑汁、冥思苦想的身影。

这个"一日一悟"的学习活动，经过两个月的苦打苦熬终于在五一前期宣告结束。问及原因，市场部的一位经理说："太耗费精力了，我们实在是熬不住了。卖场的员工普遍学历不高，每天千字的要求真的是压力太大了。你绝对想象不到，大家拼命学习的这段时间卖场的管理有多乱。"其实完全可以想象得到，因为担心自己会受到处罚，所有人的注意力都用在每天一篇的千字文上了，哪里还有精力再考虑其他的事情呢？

打造一个学习型的团队本来是一件好事，也是当下企业发展对团队建设的客观要求之一。但是如果把这事当作一个面子工程来做，那就有些得不偿失了。"一日一悟"的失败原因就在于此，耗费了员工和管理者太多的时间和精力，到最后反而影响了正常的工作。对于一个团队来说，只有符合自己团队的实际情况的制度才能算得上是好的制度。好的制度必须根据团队的实际情况来建立，才能发挥制度应有的作用。太粗了不行，过于烦琐了同样也不行。还得形成完整的制度体系。太粗，落实了也没有多大的作用。太细，执行成本太高；形不成完整的体系的话，制度之间就会相互矛盾。

不论是在规模、工作性质还是在战略和运营模式上，每个公司都有自己的独特之处。要想让管理制度发挥作用，就得让制度也具有跟自己的实际情况相匹配的独特之处。单靠看起来高大上的"全国通用"的标准制度就能做好团队管理的想法是极其错误的。在这一方面，英国的特斯科集团就做得非常不错。

特斯科是英国规模最大、最赚钱的商业零售集团。它在全球十几个国家中拥有上千家大型的超市。特斯科的总部设在英国的一个乡村赫夫冈德谢。看起来寒酸至极的办公大楼跟它的名声之间存在着极大的反差。如果不是看到大门口的牌子，没有人会相信这就是一家国际级零售集团的总部。事实上，这家公司出台的制度跟它的总部的寒酸倒是有极大的相似之处。特斯科不仅没有其他企业那样的烦琐到极致的管理制度，就连自己的运营制度也是少之又少。但是它每出台一项制度就能准确地解决一个关键问题。

1993年，在对当时的市场情况进行了充分的分析之后，根据自己公司的独特战略，特斯科出台了一项看起来很奇怪的规定：对最贵商品进行大减价。这在当时的同行们看来是一件特别不可思议的事情。规定一出台就不断遭受冷嘲热讽，但是这项规定还是在特斯科得到了坚定不移的推行。后来，由于英国经济衰退，消费者开始到处寻找价格便宜的商品时，特斯科在消费者心中已经成了价格低廉的代名词了。直线上升的业绩让对手羡慕不已。

再后来，特斯科又出台了"一人排队"的规定：收银台前只要有两个顾客排队就要再开一个收银台。这一措施花费了特斯科大量的资金，也同样让同行们觉得不可思议，却深受广大消费者的欢迎。

特斯科从最开始的摆地摊到后来成长为英国零售业的老大，它的成功秘诀就在于：在制度的制定上，它从来不做所谓的面子工程，不搞那么多的花架子。每项销售或者服务制度的出台都是以实际需求为出发点，一项制度解决一个问题。

反观现在，有不少公司，动不动就是几大本的管理制度，但是实际上这些看起来让人充满遐想的制度，执行的难度和成本都非常高，到最后很多都成为装点门面的摆设，被束之高阁。需要重申的是，制度的好坏不在于多少，而在于团队管理的实际需求。该细的就必须细，不然起不到应有的作用。该简的也不能不简，否则不但起不到什么作用，甚至会反受其害。总而言之就是一句话：制度一定要跟实际相符合，不可用来装点门面。

执行制度谢绝讨价还价

如果你的团队拥有一套细致明确的管理制度，那就说明这个团队已经有了实施执行管理的一个不错的基础了。但是成功的关键还是在于执行。制度一旦制定，就要百分之百地予以执行。绝不能拿制度来讨价还价，否则，如果制度的执行不能落地，再完善的制度也只能是一种美好的愿望罢了。即使管理者对于各个岗位都做了详细的描述，也明确了各个岗位的责任，使每个岗位上的员工都清楚地知道了自己应该做什么，该向谁汇报，自己拥有什么样的权利，又承担着什么样的责任，也完全于事无补。

我们一起来看看"环大西洋号"海轮沉船的分析，也许能从这次惨痛的教训中明白制度的执行绝容不得一丁点儿的马虎的道理。"环大西洋号"海轮是隶属于巴西海顺远洋运输公司的一艘性能先进的船只。就是这样一艘性能先进的船只，却在没有任何气象灾难的海面上沉没。船上的21名船员全部失踪。一直到今天巴西海顺远洋运输公司的门前还矗立着刻着"环大西洋号"沉船经过的大石碑。这块高5米、宽2米的石碑成为永远的警示。

当巴西海顺远洋运输公司派出的救援船到达出事地点时,"环大西洋号"海轮已经消失了,21名船员不见了。水面上只有一个救生电台,有节奏地发着求救的莫尔斯电码。救援人员看着平静的大海发呆,谁也想不明白在这个海况极好的地方到底发生了什么,从而导致这条最先进的船沉没。这时有人发现电台下面绑着一个密封的瓶子,打开瓶子,里面有一张字条,21种笔迹,上面这样写着:

一水理查德:3月21日,我在奥克兰港时只买了一盏台灯,想给妻子写信时照明用。

二副瑟曼:我看见理查德拿着台灯回船,说了句这个台灯底座轻,船晃时别让它倒下来,但没有干涉。

三副帕蒂:3月21日下午,船离港,我发现救生筏施放器有问题,就将救生筏绑在架子上。

二水戴维斯:离岗检查时发现水手区的闭门器损坏,用铁丝将门绑牢。

二管轮安特耳:我检查消防设施时发现水手区的消防栓锈蚀,心想还有几天就到码头了,到时候再换。

船长麦凯姆:起航时工作繁忙,没有看甲板部和轮机部的安全检查报告。

机匠丹尼尔:3月23日上午,理查德和苏勒的房间消防探头连续报警。我和瓦尔特进去后,未发现火苗,判断探头误报警,拆掉交给惠特曼,要求换新的。

机匠瓦尔特:我就是瓦尔特。

大管轮惠特曼：我说正忙着，等一会儿拿给你们。

服务生斯科尼：3月23日13点，到理查德房间找他，他不在，坐了一会儿，随手开了他的台灯。

大副克姆普：3月23日13点半，带苏勒和罗伯特进行安全巡视，没有进理查德和苏勒的房间，说了句："你们的房间自己进去看看。"

一水苏勒：我笑了笑，也没有进房间，跟在克姆普后面。

一水罗伯特：我也没有进房间，跟在苏勒后面。

机电长科恩：3月23日14点我发现跳闸了，因为这是以前也出现过的现象，没多想，就将闸合上，没有查明原因。

三管轮马辛：感到空气不好，先打电话到厨房，证明没有问题后，又让机舱打开通风阀。

大厨史若：我接马辛电话时，开玩笑说，我们在这里有什么问题？你还不来帮我们做饭。然后问乌苏拉："我们这里都安全吧？"

二厨乌苏拉：我回答，我也感觉空气不好，但觉得我们这里很安全，就继续做饭。

机匠努波：我接到马辛电话后，打开通风阀。

管事戴思蒙：14点半，我召集所有不在岗位的人到厨房帮忙做饭，晚上会餐。

医生莫里斯：我没有巡诊。

电工荷尔因：晚上我值班时跑进了餐厅。

最后是船长麦凯姆的话：19点半发现火灾时，理查德和苏勒的房间已经烧穿，一切糟糕透了，我们没有办法控制火情，而且火越来越大，直到整条船上都是火。我们每个人都犯了一点错误，使之酿成了船毁人亡的大错。

看完这张绝笔字条，救援人员谁也没说话，海面上死一般寂静，大家仿佛清晰地看到了整个事故的过程。

我们先不说沉船的原因，通过记录下来的21个人的话我们可以很清晰地看到，这个由21人组成的团队，首先组织构架是没有任何问题的。职能分工也很明确，而且团队中的每一位成员都十分清楚地知道自己的工作内容和所要担负的责任。从最开始买台灯上船到后来因为短路而导致的跳闸，再到后来感觉到空气不好。发生的每一步都发出了极其清晰的预警信号，并且每一次的预警信号都被及时发现了。

但是就是这样一艘性能最先进的船只，一个组织构架完整分工明确的团队，一整套向团队成员明示了工作和责任的管理制度，一系列被及时发现的预警信号，再加上一个海况极好的海域，非常荒唐地促成了一起看似绝不可能发生的沉船事故。根本原因在哪里，就在于制度的执行完全落空。在这21个人的表述中，我们不难看出这是一个管理制度执行极差的团队。在整个沉船事故发生的过程中，从船长到水手没有一个人彻底执行制度。在这个团队中所有的制度完全形同虚设，岗位职责完全落空。这样一个完全把制度当儿戏的团队，发生这样的惨痛事故也是必然的事情，这就是制度执行不能落地，跟制度讨价还价的结果。

制度之下，没有局外人

要想做好一个团队的管理工作，首先要有一套好的制度，这是毋庸置疑的。有了一套好的制度，还得不打折扣地把这套管理制度执行到底。这一点基本上所有的管理者都能做到八九分。为什么说只能做到八九分呢？因为要是面对普通员工的话，所有的制度他都可以不打折扣地予以执行。但如果碰上一些身份相对特殊的人，这时候制度能不能被执行就因人而异了。

有一位创业者，在公司步入正轨之后让猎头公司帮自己请到一位能力非常强的副总。这位副总入职以后也果然不负所望，在短时间内让公司的业绩提高了一大截，而且团队的工作效率也有不少的改善。这让这位老板感到非常满意。但是最近一段时间这位副总的表现让他觉得有些左右为难。不知道是什么原因，原来一直都是早来晚走的副总最近总是上班来得很晚，经常还没到下班的时间就离开了公司。但是这种情况在公司是不允许的。这位副总刚来的时候为了加强对团队的管理，还特意出台了一套非常严格的考勤制度。并且还在公布制度的那天，当着所有员工的面宣布：在公司，权力永远不可能大于制度。今后不管是谁包括总经理在内，只要违反了规定就一样要受到惩罚。确实，那段时间副总也真的是从来没有迟到早退过一次。但是现在副总不光是经常来得晚、走得早，有时候中间还会无故离开。

对于这位副总的表现，他明显能够感觉到员工的负面情绪。马上就要到月底了，很多员工都在等着看处罚的结果呢。但是他又无法下决定对副总进行处罚，一方面，觉得副总这段时间确实是为公司付出了不少，公司的方方面面都有了不小的起色。另一方面，他总觉得要照顾副总在员工面前的威信。担心副总受到处罚以后在员工面前丢了面子，以后不好再面对下属。

这位副总就是我们所说的那种地位比较特殊的人。面对这样的人，我们总能找出不止一条的理由作为不处罚的依据，而且听起来还都非常合情合理。但是如果真的想管理好一个团队的话，无论有多少条不处罚的理由，都抵不过一条处罚的理由。那就是：制度执行没有局外人。在管理学上有一个非常著名的破窗理论，最早由美国政治学家威尔逊和犯罪学家凯琳共同提出。他们认为如果有人打碎了一栋建筑上的一块玻璃，而这块被打碎的玻璃又没能得到及时的修复，其他人就可能会受到某些暗示性的纵容，他们就会去打碎旁边更多的玻璃。这个理论最早更多的是从犯罪心理的角度去思考问题的。后来被引入管理学领域。但是不管从哪个领域进行思考，道理却非常相似，环境具有强烈的暗示性和诱导性，要想保全破窗旁边更多的玻璃，就必须及时把那块被打碎的玻璃给修复好。

我们提到的这位副总，不管他这样的行为是基于什么样的原因，如果老板不对他进行及时的处罚的话，就会成为团队制度管理这座大厦上第一块被打碎的玻璃，会在接下来很短的时间内引起团队其他成员的争相效仿。所幸这位老板在经过深思之后，决定跟这位副总进行一番长谈。找到出现这种情况的真正的原因，然后尽自己最大的努力把这个问题解决掉。但是在解决问题之前首先要做的就是根据他最近一段时间的表现，依照公司的管理制度做出相应的处罚，这才是唯一一种正确的选择。我们再来看看在我们的团队中，有哪些人容易成为让我们放弃制度，从而成为我们制度执行的第一块"破窗"：

（1）有功劳的人；

（2）有背景的人；

（3）关系亲密的人；

（4）拥有较高职位的人；

（5）管理者和执行者。

上面所列的包括管理者自己在内的五种人的处罚工作做不好，就最容易成为制度管理当中的第一块破窗。一旦破窗成为现实，结果要么就是团队成员群起效仿，制度管理完全落空；要么就是民怨沸腾，制度管理成为地雷，随时可能被引爆。这两种结果对团队管理来说都有灾难性的影响。而那些优秀企业中的优秀团队的管理者，是绝对不会允许这种情况发生的。他们在针对这几类人实施处罚时都会毫不手软，尤其是自己。

在新疆有一家公司叫宏景集团。走进公司大楼以后就会发现贴在墙上的十分醒目的语录："制度大于总裁。"这个语录的提出者就是宏景集团的董事长、总裁李建宏本人。他要求集团所有的人都要不折不扣地执行公司的所有制度。试想，如果在公司内部制度大于总裁的话，还有什么人能够成为、敢于成为破坏制度执行的第一块破窗呢？总裁都要不打折扣地接受公司制度的处罚，估计也就没有谁再跟制度讨价还价了。无独有偶，在团队制度的执行面前敢对自己下手、拿自己开刀的，李建宏是其中的一个，但不能算是第一个，更不是唯一的一个，也不是名气最大的一个。

日本的松下幸之助，在刚刚公布要求全体员工不迟到，不请假，跟公司一起渡过难关的通知后不久，自己就迟到了十分钟。那天早上司机因为睡过头而迟迟没来接他。时间越来越晚，他无奈地登上了电车。刚上电车，发现接他的司机已经来了。经过这么来回的折腾时间已经赶不及了。他赶到公司的时候已经迟到了整整十分钟。按照公司的规定迟到是要受到严厉的批评和处罚的。于是松下幸之助就成为八个责任人当中受处罚最重的一位，退还了当月的全部薪水。同样是关于迟到的问题，联想集团的柳传志也被自己的规定处罚过三次。这三次迟到，柳传志也跟联想的其他员工一样乖乖地罚站。

不光是商界如此，就是在政界也不乏这样优秀的团队管理者。在某一时期德国首都的郊区附近的民众经常可以看到一个奇怪的场景：一辆破旧的大众车在前面行驶，一辆豪华的防弹轿车紧紧跟在这辆破旧的大众车的后面。前面的这辆破旧的大众车里面开车的是德国时任总理施罗德，而后面的豪华防弹轿车里面则坐满了他的保镖。之所以会出现这种奇怪的场景，是因为德国政府配给他的高级防弹轿车不是总理的个人财产，如果周末使用就必须按规定交付一定的费用。但是施罗德总理在经过几次婚姻的折腾之后，经济状况变得十分糟糕。于是就只能开着破车在前面跑，保镖们坐着豪华防弹轿车在后面跟。

所有的这些案例都说明这些管理者的心中非常明白一个道理：制度

是团队管理的基础和保证，必须严格遵守。否则整个团队就会变成一盘散沙，团队的生存和发展都会受到极大的威胁。要保证制度被不折不扣地执行，他们就必须杜绝任何人成为打破制度执行的破窗。这些人作为团队的管理者，甚至由于权力和制度的关系，整个团队中最大的权力就掌握在自己的手里，这就必须让自己处于制度的约束之下，这样一来制度之下就没有局外人了。

第八章

战略决策，狠者生存的团队"格斗技"

战略不能待在云端，它一定要落地，要具体到怎么解决用户需求的问题上。当然，那些永远"待在云端"的战略绝对不止这一例。让企业战略沦为口号的企业也不止一家两家。

没有战略，企业还能活多久

　　问过不少的管理者，你对你们公司的战略怎么看？遗憾的是从反馈的结果来看，能够准确理解公司战略的管理者只是很少的一部分。很多人在面对这个问题的时候，回答时躲躲闪闪的，含糊其词，说不出个所以然来。甚至还有很大一部分管理者，他们的公司根本就没有什么战略，这种情况在刚创业的小公司中更为普遍一些。因为他们根本就没意识到战略的重要性。这些管理者面对这一问题直接回答："那都是大公司玩的概念，我们是刚创业不久的小公司，我们不玩虚的，我们的任务就是踏踏实实地挣钱。"现实就是这样，越是创业型的公司，管理者对战略的作用就越是轻视。他们甚至会认为，战略不过是一个虚得不能再虚的东西。真正务实的创业者应该踏踏实实地挣钱，不应该在这个虚无缥缈的东西上浪费时间，而只要想尽一切办法挣钱就对了。

没错，就像我们在上面看到的那样，现在很多管理者对战略存在着极大的误解。在他们看来战略就跟很多企业的企业文化一样，是企业上上下下每天都要喊几遍的口号，是被贴在墙上的标语。最好也要印成精美的小册子，让那些来公司拜访的同行或者客户在百无聊赖当中翻上一翻。而公司的员工和管理者，没有几个人会把这个事当真。更不要说在执行过程中去考虑当下的工作对公司战略的实现有什么帮助了。所以很多人会认为战略这个东西完全是虚的，就是写给别人看的，是个骗人的玩意儿，谁要是在战略上下功夫，谁就是在浪费时间。或者认为，只有大公司才需要战略，小公司要靠团队制胜，所以才会有人说："我们小公司不需要这个，我们是讲究务实的，我们不来虚的。"

这种情况不得不让人为之捏着一把汗，深深觉得这些公司能活到现在真的是运气太好了。而一个靠着运气活下来的公司，未来还能有多远呢？这个问题真是细思极恐。战略对于公司的发展到底有着什么样的作用？业界有一句狠话是这样说的：企业没有战略，将会死在今晚。这么说绝不是危言耸听。但是肯定有很多人会乐于相信这是一句危言耸听的话。我们总是这样，在被现实教训之前拒绝相信任何让我们听着不顺耳的话。这是个不容置疑的现实。我们来听听当今全球第一战略权威，哈佛商学院大学教授迈克尔·波特的话："不幸的是，往往是在失败的时候，人们才会想起对战略的关注。我想真正的挑战是怎么让人们重视战略，甚至在危机还没有出现的时候。"我们现在重申这句狠话的本意并不是吓唬某些管理者，真正的目的就像迈克尔·波特教授说的"让人们重视战略，甚至在危机还没有出现的时候"。实际上，也只有在危机还没有出现的时候，唤起人们对于战略重要性的认识还能有一些意义。一旦遇上危机，对于很多创业型的小公司来说就已经没有了改正错误，重新再来的机会了。是的，越是创业型的公司，在遭遇战略缺失或者战略错误所带来的麻烦时，遭受灭顶之灾的概率就越高。当然，也有人说所谓的创业就是要不停地犯错误，只有在不断地试错中才能找到自己的方向。甚至有一些企业家因为自己侥幸地度过了所谓的"创业期"就开始宣扬战略无用论，鼓励一些创业者，要敢于试错，敢于犯错。这也是现在很大一部分创业型的公司根本就不重视战略的作用的一个很重要的原因。

难道就是因为创业需要试错就应该无条件地鼓励他们忽视战略的作用而肆无忌惮地犯错吗？晨兴资本的董事总经理刘芹曾经在"混沌创新商学院"做的一个演讲中谈过对这一问题的看法。刘芹认为，小公司和大公司最大的不同点在什么地方？在于大公司钱多、资源多，这句话听起来好像是人人都知道的事情，说来也没多大意思。但是这背后的影响却是巨大的。首先，钱少、资源少就意味着你没有那么多犯错的机会。像柯达、IBM那样的超级企业哪怕是犯了错误，甚至是犯了好多次错误，它都可以凭借背后强大的资金和其他资源的储备而延续十年甚至更久。就算是最后失败了也能卖出十几亿美元的专利费。而对于一个资金和资源都比较紧缺的创业型的公司来说，情况就大不一样了。刘芹认为，这样的创业型的公司基本上最多拥有三次犯大错的机会。这里说的"大错"指的就是战略上的错误。如果在战略上犯错，创业型的公司最幸运的情况下机会也不超过三次。犯过三次战略性错误之后，这个公司基本上也就挂了。因为就那么点钱，就那么点资源，这点东西能够支撑公司应付三次战略性的错误就已经是万幸了。其实，很多公司只经历了一次这样的错误就已经消失了。

如果刘芹的这个说法还不能让你认清战略的重要性的话，那我们就来看看相关媒体给出的事实依据吧："根据《科学投资》采访调查和研究，中国中小企业平均寿命大体也就在3~4年。中国每年有近100万家中小企业倒闭，所谓建百年老店不过是他们的一厢情愿。什么导致了中小企业的'短命'，战略问题是关键原因之一。"这就是事实，现在的创业环境充满了残酷的竞争，每年都有大量的公司消失，这当中有不少都是曾经名噪一时的标杆性的企业，当然小型的创业公司就更多了。在当下这种万众创业、全民创新的大环境下，《科学投资》所给出的调查和研究的结果恐怕还得被不断改写，而且是越改越残酷。日本"优衣库"的创始人柳井正有一本书叫作《九败一胜》，即便用"九败一胜"来形容当下的竞争环境都显得有些过于温和了，真正的现实用九十九败一胜来形容都不为过。这么严酷的竞争下企业的管理者不重视战略的作用就显得更加危险了。所以日本的战略之父大前研一先生在《巨人的观点》这本书中曾经说过："没有竞争，要战略何用？是啊，现在竞争是常态，且越来越激烈，而竞争对中小企业的威胁其实最大，所以中小企业更需要战略。"

了解过这些之后，还觉得战略没有什么用吗？还以为战略只是一个虚无缥缈的东西吗？还以为只有大企业才需要战略吗？还觉得"企业没有战略，将会死在今晚"这句话是在危言耸听吗？恐怕不会了，那么，既然战略对于企业的生存和发展这么重要，尤其对创业型的小企业而言更是其存活下去的基础，那它的作用具体体现在什么地方呢？战略对企业的重要作用主要体现在以下五个方面：没有战略，企业就不会有清晰的奋斗目标。没有战略，企业就不会有真正的可持续性的核心竞争优势。没有战略，就不会有企业团队的高效执行。没有战略，企业就很难形成持续不断的、正确的创新。没有战略，企业靠战术优势获得的成功将不能保持长久。

眼光要狠，定位要准

著名的经济学家厉以宁认为：一个优秀的领导者必须具备战略眼光。要能够发现别人所不能发现的赚钱的机会。哪一个投资项目是好的？哪一个产品是好的？谁能首先发现并开拓市场谁就具备优秀的领导者战略眼光。

当今世界经济起伏不定，企业的经营环境发生着剧烈的变化。企业间的竞争也愈发残酷，到现在已经完全达到了白热化的程度。在当下这个全民创业万众创新的大时代下，不是你淘汰别人，就是你被别人所淘汰。所有的企业每天都在面临生与死的抉择。要在这样激烈的竞争环境下生存并发展，仅仅依靠组织好企业内部的生产，靠创业者的一次创新，拥有一个执行力极强的团队，都已经远远不够了。因此，高效的企业战略管理在当前这种激烈的竞争环境中就显得尤其重要。对所有的创业者来说，他不但要谋求企业的生存，还要谋求企业的发展，而且这种发展还必须是可持续性的。要想达到这一目标就必须深谋远虑，必须有战略眼光。依靠精准的战略眼光给企业做精准的定位，明确战略重点，然后再抓好战略的策划与实施。

那么什么是企业的战略定位？企业的战略定位就是要确定以下三个要素：企业的产品要具备什么样的特质？需要满足哪些顾客群的需求？满足一种什么样的需求？对企业进行精准的战略定位又需要充分了解两个方面的现状。通过深入而充分的分析和了解，明确界定企业能够做什么和市场需要什么。这是对企业自身能力和市场机会识别能力的重大考验。战略管理之父安索夫在其《公司战略》中指出：战略问题就是在企业与其环境之间建立一个阻抗。换句话说，就是公司决定现在做什么业务，将来准备涉足哪些业务，而大多数决策者必须在企业总体资源有限的框架中进行。公司的战略选择必须建立在正确的定位之上。只有确定了顾客的需求特征和自己的能力之后才能决定是采取差异化领先战略还是采取低成本领先战略。所以毫不夸张地说，战略定位是企业经营成败的根源。企业经营失败的一个很重要的原因就是，没有准确地划定自己独特的客户群，并深入地了解他们的需求。

加拿大的黑莓手机在战略定位方面不管是在正面还是在反面都是一个非常典型的例子。正所谓成也萧何，败也萧何。黑莓手机的成功得益于在创建之初的精准的战略定位，后来的没落也正是因为在战略定位上的模糊不清。黑莓手机在刚刚兴起的时候，对诺基亚、摩托罗拉等强势品牌的特性和服务人群做了非常深入的调查和研究，并准确地找到细分市场上的需求盲点，创新地定位于为办公人士提供服务，并针对细分市场的需求特点，研发出了手机电子邮件、传真和一些PAD的功能。这是一次非常精准的战略定位，黑莓手机不管是在划定需求人群还是在分析客户群体的需求特点上都是精准无比的。而且以此确定的产品特质也准确地满足了客户群体的需求特点。后来黑莓手机的市场表现也充分说明了这一点，黑莓手机输入文字如行云流水，通话清晰，质量过硬，深受脑力劳动者的喜爱。在很短的时间内就逐渐变成了西方许多国家的"街机"。凭借着这一次准确的战略定位，黑莓手机成为当时北美市场排名第一的手机品牌。

但是不管是市场还是特定客户群体的需求特点都不是一成不变的，一次精准的战略定位，并不能使企业做到一劳永逸。企业要获得长久的可持续性的发展，必须根据特定客户群体需求特点的变化而不断调整升级自己的产品，以保证产品的特质能准确地满足新形势下客户需求的特质。但是已经取得了很大成就的黑莓手机，显然忽略了这一点。从2007年开始，黑莓手机的边缘客户开始被平板手机逐渐蚕食。面对这种情况，如果黑莓手机能够深入研究脑力劳动者需求的变化，及时对自己的产品进行更新换代，用产品新的特质满足新的需求的话，肯定还会在这之后的几年间再有一番大的作为。遗憾的是黑莓手机并没有这么做，自己的边缘客户被平板手机逐渐蚕食的时候，黑莓手机忽视了自己的战略定位，没有对脑力劳动者需求的变化做更深一步的研究。反而选择跟随苹果手机模仿其产品。这其实是在以自己的劣势对抗苹果公司的优势。这种情况下，结果就可想而知了。其实当时以苹果为首的平板手机没能满足办公人员的许多需求，但是黑莓手机没有抓住这个机会，给予脑力劳动者的新需求更多的关注。后来当苹果把自己的手机放大，创新地推出大iPhone，即定位于娱乐的iPad之后，黑莓并没有创造出自己的"大黑莓"，而是模仿苹果的iPad推出了自己的play book。这就等于是向市场宣布黑莓已经完全放弃了过去赖以成名的战略定位。原来那些忠诚的黑莓粉丝，这时候已经完全被抛弃。这些被黑莓抛弃的用户万般无奈之下，只能选择尝试其他品牌的手机。黑莓从此就由辉煌走向了衰败，一直到后来被收购的境地。2016年10月28日，曾经在西方手机市场辉煌一时的黑莓手机表示，内部将停止开发智能手机，把焦点转为软件合伙。这一决定无疑更加凸显了该公司陷入难以扭转旗下手机事业的窘境。

黑莓刚刚崛起的时候，精准的战略定位，得益于它对自身能力和市场需求都有非常精准的判断。但是，并不是所有的企业都能做到这一点。由于定位失误而陷入困境的公司也不在少数。有时候即使企业所定位的市场是正确的，确实有很大的需求，但是因为竞争对手的过于强大或者自己没有做这种市场的能力也会导致企业陷入困境。企业经营成功依赖于正确的战略定位，详细地分析每个企业的发展过程都会发现战略定位在其中所起到的重要作用。既然企业的战略定位对其自身的生存和发展有如此重要的作用，那么我们的管理者在进行企业战略定位的时候应该注意一些什么呢？我们一起来了解一下被称为"定位之父"的杰克·特劳特的"定位四步法"。"定位之父"杰克·特劳特被摩根士丹利推崇为高于迈克尔·波特的营销战略家，也是美国特劳特咨询公司总裁。这套四步定位法，是他为了验证和发展定位，花了20年的时间，不断进行修改和调整才最后形成的，详见特劳特商战经典之《与众不同》：

"第一步，分析整个外部环境，确定'我们的竞争对手是谁，竞争对手的价值是什么'（这与德鲁克在回答管理第一问'我们的业务是什么，应该是什么'时问的'我们的顾客是谁，顾客的价值是什么'相反，因过多的选择、有限的心智，决定了经营方式已从顾客导向转向了竞争导向）。

"第二步，避开竞争对手在顾客心智中的强势，或是利用其强势中蕴含的弱点，确立品牌的优势位置——定位。

"第三步，为这一定位寻求一个可靠的证明——信任状。

"第四步，将这一定位整合进企业内部运营的方方面面，特别是传播上要有足够多的资源，以将这一定位植入顾客的心智。"

当然，笔者也不指望通过在这里分享的只言片语就能告诉管理者们如何对企业实施精准的战略定位，这是一个不错的问题，但是在这里却没有谁能给出一个特别完美的答案。就像我们上面说的那样，即使是伟大的杰克·特劳特这样的人物也是耗尽了自己20年的时间才有了这套"定位四步法"，笔者更不敢奢望能在只言片语间解说清楚。要想解决好这个问题，需要我们远比笔者优秀得多的管理者们不断地学习和实践。笔者在这里不过是提醒精准战略定位对企业的重要作用，并指给大家一个努力的方向而已。

战略突围，专注于一点

我们在最早讨论没有战略，企业还能活多久的时候提到过晨兴资本的董事总经理刘芹在"混沌创新商学院"的那个演讲当中关于创业型小企业战略的困境。当时只是说刘芹的观点是创业型的小企业在战略上最多也只有三次犯错的机会，即使有再好的运气，经过三次战略失误之后，原本就比较紧缺的资金和资源也早已消耗殆尽了，这时候公司也就挂了。但是笔者并没有说刘芹先生有没有针对创业型公司的战略困境给出什么破局的建议。其实针对创业型小公司的这一困境，刘芹先生是给出了建议的。在这里，一起分享给大家。刘芹先生一共给出两个破局的建议。

刘芹先生的第一条建议是：要破局一定要学会做减法。专注，是小公司在与大公司的对抗中，弥补自身资金和资源劣势时最为有效的方法。

刘芹先生的第二条建议是：愿景要足够大，事情要足够小。不要担心某件特别小的事情没人会看得上。也就是说，在当下可以做看起来很小的事情，但是这个在当下看来不起眼的事情一定要有一个足够大的愿景。小事情和大愿景之间一定是要高度关联的。

我们先来看看这第一条建议，即刘芹先生所说的"做减法"。刘芹先生表示，由于融资的关系，他经常会面对各类创业型的小公司的CEO，在跟他们聊天的过程当中，刘芹先生经常会问到他们当下的商业目标。有些人就会说当下的目标有几个，也许是三个、也许是五个，还有更多的。然后他们就开始一一阐述。等他们全部说完之后，刘芹先生会再问："如果只允许你干一件事，你选择哪一件事？"这时候，如果对方回答"没那么想过"，那刘芹就会认为这个公司的战略是有问题的，因为这个CEO不会做减法。不会在战略上做减法是一件很危险的事情，因为小公司试错的机会就是那么几次。如果没办法选定一个目标，然后倾尽全力专注地去做的话，你就不得不在一二三四五那么多的方向上同时发力，也许在第一轮试错的时候就已经耗尽了公司好不容易才拿到的资金和其他资源。因为试错的环节是任何创业型的公司都无法跳过去的，即使我们都希望这样。而且以公司现有的那点资源，如果在一点上发力然后把所有的力量都专注于一点，还是有把事情做好的希望的。但是如果多点同时发力，把资金和资源分散使用，那就没有在任何一点上突破的可能，你现在的实力根本就不能支持。刘芹先生说这就像是压力和压强的关系，现在就是那么一点力量，你选择的受力面积越大，它的压强就越小。就像是钉钉子一样，把你所有的力量都集中在钉子那么一点大的地方，你这一锤子下去才有可能穿透。因此创业公司最考验创始人的就是如何做减法。

刘芹先生的这一观点跟马云先生的观点有些英雄所见略同的意思。马云先生对这一问题的表述是这样的："做战略最忌讳的是面面俱到，一定要记住重点突破，所有的资源集中在一点突破才有可能赢。"马云认为，战略的第一个要素需要明白你的客户是谁；第二，你为他们创造了什么样的价值；第三，你怎样把这些价值传递给客户，同时还要考虑到你的竞争对手，这就是马云所倡导的重点突破。马云先生所倡导的这种重点突破跟我们之前提到的战略精准定位当中所涉及的三个要素是非常一致的。这也从另一个层面上印证了刘芹先生所提倡的"做减法"和马云先生所坚持的"重点突破"的合理性和正确性。刘芹先生之所以侧重于说创业型的小公司要会做减法，跟他所处的位置和每天所面对的客户群体有着很大的关系。这并不是说他认为，只有创业型的小公司才需要做减法。马云先生所说的重点突破也不仅限于大公司。无论是大公司还是小公司，在战略上专注于一点实施重点突破的原则都非常适用。

马云先生在讲述自己在战略上重点突破的理念时，曾经说过要想切实贯彻阿里巴巴的重点突破的企业战略，专一进攻，做到只抓一只兔子，他就不得不在这一过程当中一次又一次地拒绝外来的诱惑。比如有一段时间中国各地的房价一路飙升，房地产行业变得非常火热，在这种巨大的利益诱惑面前，很多企业放弃了自己原有的经营项目。好像谁不凑上前去分一杯羹，谁就是傻子一样。面对阿里巴巴这样毫不理会的傻子，终于有"聪明人"看不过去了，就跑过去问马云："你们为什么不做房地产？做房地产可以扩大你的经营范围，而且利润非常高啊。"但是马云并不为之所动。

马云说的诱惑绝不只是这一次。在2005年8月发生的那件对阿里巴巴来说具有划时代意义的大事，让很多人都以为马云要转型了。因为那时候马云率领自己的商业集团成功地并购了雅虎。他的这个举动顿时成了所有商业人士关注的焦点。当时所有人都在猜测马云并购雅虎背后的真实意图是什么。有些人就想当然地以为马云并购雅虎是因为他看好雅虎的优秀业绩，一定是想借此机会像百度一样在网络搜索上狠赚一笔。但是事实证明马云又一次让他们失望了。对于这件事，马云说："阿里巴巴绝不会错过良好的发展机遇，但自己不会因为企业股票上涨就来乱起哄。"在被问到阿里巴巴下一步的战略是什么的时候，马云的回答很是风趣："阿里巴巴下一步的战略方向是电子商务，永远是电子商务、电子商务、电子商务……"对于当时人们普遍的猜测：马云会不会做门户网站或者是即时通信领域的事情。马云的回答也很是干脆："我们只做电子商务，电子商务需要的一切事情我们都会做。"他再一次向外界展示了自己"专心只做一件事，而且还把这件事做好、做透"的经营理念。

关于企业的战略要讲究专注一点、重点突破的原则，马云不仅自己坚持，坚定不移地在公司的发展中落实，而且对别人也给出了同样的意见，比如被很多人传为经典的那句话："做战略最忌讳的是面面俱到，一定要记住重点突破，所有的资源在一点突破才有可能赢，而面面俱到那就什么都不可能赢。"（马云在《赢在中国》做评委的时候对参赛选手的谆谆告诫。）

同样强调做战略要重点突破的还有李彦宏。百度的创始人李彦宏对自己的评价是："我是一个非常专注的人，一旦认定一个方向就不会改变，直到把它做好。"诱惑再大，也要专注。他对自己的这份专注的解释是：认准了，就去做，不跟风，不动摇。以下是李彦宏对百度的生存和发展为什么离不开专注的自我解读，我们一起分享：

"公司在成长的不同阶段会面临不同问题，在我看来，越是早期创业，对于产品和技术的把握可能越重要。我觉得百度头十年做得比较好的最重要原因是我们掌握了正确的产品和技术方向，我们认准了这一条路就走下去了。

"百度上市的时候，很多人疑惑，百度凭什么打败众多的竞争对手。秘诀很简单，就是专注。这么多年来，百度只做了搜索这一件事情。

"百度的首页非常干净，只有一个搜索框。百度发展早期，门户网站非常热，后来短信开始赚钱，再后来，游戏成就了许多互联网公司。

"百度没有被这一波又一波的浪潮影响。我知道这些领域都很好，都很赚钱，但要同时做很多事情的话，精力就会很分散，也就没办法把事情做好。

"如果做其他领域的话，同时做好几样业务问题不大。但要做好搜索本身不容易，我对这个实在太了解了，在中国也好，美国也好，要做搜索老大，就只能专注于搜索本身。"

战略不落地，就是一纸空文

我们在谈战略对于企业生存和发展的重要性的时候提到过，我们当下为数众多的管理者并不太重视战略的作用，都会觉得战略是一个非常虚的东西，基本上等同于贴在墙上的标语和开大会时的口号；要不就是老板用来给员工上课的教材，反正没有什么实际的作用。正所谓水有源、树有根，他们对于战略的这种认知也是有一定的原因的。这个原因就是在很多情况下，本来对企业的生存和发展有着非常重要作用的战略被我们人为地给弄成虚的了。为什么会这样？这当中涉及一个战略绩效管理的概念，凡是不了解战略绩效管理的企业领导者，都无法找到让战略落地的有效途径。而一个无法落实在结果和目标上的战略，它的实用性基本上等于零。想想看，一个实用性等于零的东西，在管理者和员工的眼里还有不虚的道理吗？事实上，无法落地的战略客观上就是虚的，这跟管理者的认知没有多大关系。这样的战略不仅不会对企业有什么帮助，很多时候还会对企业的生存和发展造成负面的影响。

360的创始人周鸿祎表示他特别反对在公司做评论家，他觉得一个创业者千万不能去做评论家。因为评论家往往都站得很高，属于站在云端下不来的一群人。他们习惯于站在云端指点江山，谈产业问题、谈格局。其实谈产业问题、谈格局本身没有什么不对，企业的管理者也需要偶尔站上云端看一眼，这样才能从整体布局上看问题。但是如果不能在看过一眼之后及时爬下云端脚踏实地地解决一些实实在在的问题，把在云端上的所见、所思体现在自己的产品上，再以自己产品的特质满足特定群体的需求，从而把战略转化为绩效的话，那你的战略就成了周鸿祎所说的"站在云端上的战略"了。所以周鸿祎一再强调当很多问题一旦变得抽象化以后，说的话就变成了正确的废话，他认为所有的管理者一定要把战略的落脚点聚焦在用户的需求上。静下心来想一想，自己将要做的东西或者是已经开发出来的产品，它的用户是什么样的一群人？他们在使用自己的产品时，会遇到些什么样的问题？自己的产品还有哪些地方做得不够好？怎么样才能做得更好？只要找到了缺陷，就等于找到了提升的空间，空间就代表着新的机会、新的市场。战略不管制定得有多么宏大，要想落地最后都必定落到这一点上。就是要这样一步步打开市场，如果你能够打动客户的心就等于拿到了新的市场的入场券。周鸿祎说："这是一个很关键的切入点，这个切入点你找不到，你所有的战略都是空气。"

确实是，现在有很多企业的战略听起来很新颖，非常高大上，但是一放到市场上，因为完全不接地气，而只能被消费者无视，这样自然就无法把战略转化成绩效和结果。比如联通在之前推出的CDMA手机，这款产品在营销战略上面很是下了一番功夫的，为了进一步提炼这款手机的卖点，他们找了很多大师来做这件事。初看起来，这些大师也果然不负所望。这些卖点的提炼看起来非常高大上，先是主打"绿色健康无辐射"，不得不说这个理念还是比较前卫时尚的。使用电子产品，辐射问题一直也是大家所关注的重点。但是这个看起来很棒的营销策略在市场上却没有什么大的反响，原因就在于不够接地气。因为辐射这个东西虽然是大家所关心的，但它是看不见摸不着的。无法做出直观的展示，也就无法征服消费者，无法征服市场。后来的事情也证明，消费者的选择是对的。之后不久一份"海归专家"的爆料揭开了炒作的真相，人们发现这款产品不仅不绿色，它的辐射还远高于其他手机。

后来，经过大师们的再一次努力之后，这款产品的营销战略又一次做了调整，这次提炼的卖点是"防窃听"。这又是一个很时尚的概念，听起来也很不错。但是可能针对特殊的人群才会有效，比如高端商业人士和其他重量级的人物。而普通的消费者，每天的通话内容不过是家长里短什么的，有多少值得窃听呢？而且消费者也根本没办法判断自己到底有没有被窃听。

问题出在哪里？看起来问题好像是出在了产品的销售策略上，对产品卖点的几次提炼都显得有些华而不实，无法有效地传达给消费者，进而获得消费者的认可。但是这只是表象，表象之下更深的原因是公司的战略问题。因为公司在制定战略时没有从市场出发，没有从消费者的需求出发，后期的产品自然也就无法准确地满足消费者的需求了。不能准确打开市场这个事实，是在战略制定的时候就已经被注定了的。用周鸿祎的原话来表述就是"做战略规划的时候，一定得具体到产品。战略不能待在云端，它一定要落地，要具体到怎么解决用户需求的问题上"。当然，那些永远"待在云端"的战略绝对不止这一例，让企业战略沦为口号的企业也不止一两家。

果敢迅速，别在犹豫中错失良机

先说个故事，名字叫作《兄弟争雁》。故事的开头基本上都会说一个从前，我们也从这个从前说起。从前有兄弟两个都是射箭的高手，有一天，两个人闲来无事就去野外打猎。正在行走之间，忽闻雁声阵阵，兄弟两个急忙抬头，果然见天空中有雁影徘徊。看见猎物现身，兄弟两个顿时食指大动。大哥一边张弓搭箭，一边说："好肥的一只大雁，看我射下来拿回家，咱们炖着吃。"一旁的弟弟一听哥哥的话，急忙伸手把哥哥摁住："哥哥有所不知，像这么肥的大雁烤着吃要比炖着吃味道更好。"哥哥也不甘示弱："弟弟还是年轻，哥哥总比你多几年吃雁的经验。依照哥哥多年的经验来看，这大雁还是得炖着吃。"

如此这般，兄弟两个各不相让，久久争执不下，只好找来土地公公做个评判。土地公公手捻胡须，微微点头说道："既如此，倒不如烤着吃一半，炖着吃一半。"兄弟二人听过，顿觉大喜过望，谢过土地公公后急忙搭弓射箭。此时天空之中，雁影不见，雁鸣已消，就连原本飘在头上的几朵云彩这时候也不知道飘到哪里去了。

为什么要讲这么一个故事？因为到今天为止，这个故事还在我们身边不停地上演。作为企业的领导者，我们在面对每一次抉择时，都会有两种以上的解决方案。每一种方案都有可选的理由，也都有放弃的理由。但是机会就像是头顶上空飞过的大雁，不管你煎、炒、烹、炸有多少种方案，你都必须在大雁飞走之前果断做出决策。因为在时机面前，决策是需要速度的。决策者要拥有一种快速决策，快速统一认识的能力。因为即使是进行一项好的决策，如果输在了速度上，也等同于虚无。英国A.J.S公司副总裁普希尔认为，凡是某些行业内领跑企业的领导者，毫无例外地都拥有迅速做出一项正确决策的能力。思虑太多，会阻碍迅速做出决策。但是，非常遗憾的是，现实当中这样的企业领导者显得非常稀缺。

就像故事当中这两兄弟争雁一样，我们的企业领导者在做战略决策时，脑子当中会有几个声音在不停地争吵，它们就像活跃在我们内心深处的几个小人，相互之间各不相让。有时候明明心中已经有了答案，可是还会不由自主地想到心仪方案的不利之处。反倒是那些准备放弃的方案，它们有利的一面总是在脑海中徘徊不去。这就是决策的难处。决策之难不在于智商和智慧，而在于勇气和风险意识。当我们面对一个问题表现得犹豫不决，迟迟不能最后决断的时候，其实不是不知道该如何决策，而是不敢决策。如此这般，往往我们的企业领导者还在几个方案之间徘徊不定的时候，机会已经悄悄地溜走了。这种情况并不少见，也绝对不是故事。

我们来看一个真实版的"兄弟争雁"的故事。我们都知道视频领域风生水起的时候，在这个领域里面最引人注目的就是当年的"视频三杰"：优酷、土豆和酷6。当年这三家是视频领域绝对的名角，现在呢？优酷和土豆依然是风头不减当年。酷6虽然还混在视频的圈子里面，但是它的影响力显然已经无法跟前面的两家相比了。我们来看看这当中发生了什么。当年号称"视频三杰"之一的酷6网在2009年年底以2200万美元的价格投身到了陈天桥的盛大麾下，实现了借壳上市的目标，成为视频领域第一家上市的企业。从理论上讲，酷6网从此就彻底摆脱了缺钱的日子。这意味着它不再会因为缺钱而导致失败。因为谁都知道视频是个特别烧钱的东西，视频商要是解决了缺钱的问题，那就等于在某种程度上给自己的企业上了保险。但是，时间仅仅过了一年，2011年3月，酷6网的创始人李善友离职。紧接着就是亏损逐年变大，然后又经历血腥大裁员，再然后就是转型……在李善友离职之后，陈天桥派驻酷6的新CEO施瑜公开表示："酷6从此不再购买长视频版权，包括电影和电视剧等，将关注于社区化、UGC（用户生成内容）和短视频。"而这位酷6网的新任CEO公开表示不再涉足的这些内容恰恰正是上一任CEO坚定不移要坚持的路线。这前后的极大反差让人们看到了酷6网巨变背后的更深层次的原因。当然，在新任CEO公开表示战略巨变之前，盛大对酷6网的创始团队已经做了大规模的清理。

其实陈天桥和李善友在酷6网发展战略上的分歧从他们结合的那一刻起就已经开始了。陈天桥希望酷6网朝着"视频资讯新闻"的方向发展，而李善友却更希望坚持购买正版版权的"大片模式"。这两位兄弟在酷6网发展的机遇这只"大雁"面前也是各不相让，自然酷6网也就很难在短时间内及时做出战略上的决策了。这种"兄弟争雁"的代价就是烧了两亿美元，落得个尴尬转型。创始人李善友去了中欧成为创业导师，微博名"老李飞刀"，金盆洗手，退出江湖。酷6的命运也和盛大的命运一样：成为一只在温水中的青蛙。

这是不是特别像现在商业版的"兄弟争雁"？对于企业战略来说，兄弟争雁之"争"在于几种不同的企业发展战略之间的抗争，也许是几个决策者之间的博弈，也许是同一个决策者面对几个不同的发展战略时的取舍困境。但是不管是哪一种都要做到果敢，迅速形成最后的决策，这是一名优秀的企业领导者所必备的基本素质之一，也是一家伟大的企业必不可少的一项特质。在这方面，那些称得上是伟大的业界前辈也给我们做过很多次成功的示范。他们用自己的行动告诉我们，果敢迅速的决策能力对于一位企业家，对于一家企业的生存和发展来说是多么重要。其中，长江实业的主席李嘉诚先生就是这样的一位伟大的企业家。他在机会面前总能快速果断地做出企业的战略决策，让企业的发展迎来一个又一个春天。

李嘉诚先生在香港地区及亚洲经济界都占有举足轻重的地位。李嘉诚的成功，跟他远超常人的果断的决策能力是分不开的。他在公司新的发展机会面前总是能够做到：反应敏锐，果断处事；能进则进，不进则退。 20世纪50年代的中期，经常出国的他发现塑料花在欧美市场非常受欢迎。在欧美国家几乎所有的家庭和办公大厦都会摆上几盆塑料制作的花朵、水果、草木，这样一来原本显得有些压抑的室内空间瞬间就变得充满了生机和活力。虽然这只是一种感官上的错觉，但是仍然让人觉得非常舒服，这在当时的欧美社会就是一种时髦的象征。当时的中国，也处在快速发展之中。国人对外来时髦的东西热情空前高涨，李嘉诚敏锐地捕捉到了这当中巨大的商机。意识到这一点之后李嘉诚当机立断，把其他的生意全部推掉，全力以赴投资生产塑料花。由于他的决策和行动及时，这次巨大的商机给他带来了极大的成就。他建立的"长江塑料厂"一举成为世界上最大的塑料花工厂，他也因此被誉为"塑料花大王"。

但是到了20世纪60年代的中期，他又一次果断改变战略方向。由于公司转型及时，后来的一场危机才没有波及他的公司。其实他在做出改变时，塑料花生产还仍然被看好，但是他预感到塑料花市场将会由盛转衰。他就是这样，一旦做出判断就毫不迟疑，于是立即退出塑料花市场，重新进入玩具等行业。

20世纪60年代后期，香港地区经济起飞，地价开始跃升，他也是靠着自己迅速的决策能力，在其他人还在徘徊不定时就迅速投资购买大量土地。还有后来70年代后期，香港股市热得烫手，他又一次率先投资入市炒作，毫不手软。如果说一次成功是幸运，两次成功勉强可以说是巧合，那么李嘉诚先生在机会面前每一次都能率先出手获得成功，就不得不说这是他作为一名企业领导者的敏锐的商业感觉和超强的快速决策能力带给他的巨大优势。这不仅仅是他个人的优势，更是整个公司的优势。

第九章

情感投资：人情味给员工归属感

所有的员工在来公司之前都有一个第一意义上的家，它是所有人努力打拼奋斗的动力之源，也是员工自动自发的开关。管理者只有准确地按动这个开关，员工才能进入自动自发的超高效、超敬业状态。你敢把他的家当家，他就敢以公司为家，为了家的发展，他敢于付出一切。

团队比团伙多一个归属感

经常在拓展活动之后的晚宴互动环节当中看着来自不同企业的管理者相互做自我介绍，时间久了就发现一个特别有意思的现象，当然这种现象是在没有对自我介绍做出特殊要求的时候出现的。有的人在介绍自己的时候会先说自己是来自哪一家企业的，但是有些人则会首先介绍一下自己，甚至有的只介绍自己而不介绍自己的企业。最让人感兴趣的是，有些人在介绍自己是谁之后会跳过现在的工作单位，而直接说自己好几年之前的工作单位。有的在介绍自己的单位时脸上的得意之色根本就掩盖不住，有些人则是躲躲闪闪或者是一脸漠然的表情。

看到这些就会在心里对每个人的职场状态有一个大致的判断，这种判断的准确率还是比较高的。因为这个现象的背后是有一个叫作归属感的心理学规律作为依据的。不同的介绍自己的方式代表着每个人所在的团队所带给自己的不同程度的归属感。一般来说，习惯性把单位放在自己前面的，或者说在提到自己的团队的时候显得比较兴奋的人，他的归属感是比较强的。而那些先介绍自己后介绍单位，或者干脆不提，再或者只说自己在很久之前曾经在某个知名的机构供职而直接跳过当下的，就说明他目前所在的团队带给他的归属感是非常有限的。

而对于这些人来说，判断出了他们目前的归属感，就等于看明白了他目前的职场状态。因为归属感跟敬业度、忠诚度、自发性和工作效率之间都存在非常密切的关系。而自我介绍的形式和表现正是一个人在目前团队当中所获得的归属感的最直接也是最重要的一种表现形式。而在之前说的看到了他们介绍自己的表现，就能对他们目前的职场状态有一个大致的判断就是因为这个。来自心理学领域的研究结果表明，人在缺乏归属感的时候，就会对从事的工作缺乏激情和责任感。这就等于在给我们的管理者发出提醒，要想提高自己团队成员的责任感和工作积极性，就要想办法来提高他们在团队当中的归属感。只有当员工对我们的企业充满了归属感的时候，他们才能自发地紧密团结起来，企业才能充满凝聚力和竞争力。既然归属感对于提升我们团队的工作效率有如此重要的作用，那么我们又该从哪里入手来提高我们员工对团队的归属感呢？沟通是一个特别有效的方法，杰克·韦尔奇的回答是：沟通、沟通、再沟通。连续强调三遍可见沟通对于提高员工归属感的重要性了。这个很好理解，在一个团队当中，只有成员能说话、敢说话，并且他说的话能够得到同事和领导重视的时候，他才会感觉到自己所在的团队是自己的而不是别人家的团队。简单说就是，是否拥有归属感不在于员工是不是隶属于某个团队，而在于是不是心系于某个团队。只有具有充分的发言权和参与权，才能刷到员工的存在感，只有能让员工找到自己的存在感的团队才能给员工归属感。否则就是别人家的团队。我们来看看那些伟大的企业是怎么运用沟通来提升团队的归属感的，这当中有很多值得我们学习的东西。我们先来看看微软公司给出的示范。

众所周知，美国微软公司是IT行业的精英人才库。关于它的成功之处，有很多经验值得我们总结。其中特别重要的一个就是微软公司的"内部电子邮件系统"。这个内部电子邮件系统完全是为了建立一种不同于其他企业的非常有特色的员工之间以及员工和上下级之间的沟通模式。在微软公司，上到比尔·盖茨，下到每一位基层员工，每人都拥有一个独立的电子信箱，而且他们的邮箱代码都是公开的。这样一来，只要是微软的员工，不管在什么时间、什么地点，你都可以通过这个"内部电子邮件系统"与在世界任何一个地方的同事或者上下级，包括比尔·盖茨在内的任何一个成员进行联系和交谈，而根本不用等着秘书的安排。

微软的员工认为，这个"内部电子邮件系统"是一种最直接、最方便、最迅速也是最能体现公平性和民主性的工作沟通方式。上级可以用"内部电子邮件系统"来给自己的下级布置工作任务。员工可以用它来完成相互的沟通，传递消息。最重要的是如果员工对公司的现状和发展有什么意见和建议，也可以方便地用它完成跟公司最高层管理者之间的沟通和对话。

微软的"内部电子邮件系统"的建立和应用是成功的，它不仅为公司员工和上下级之间的沟通提供了最大限度上的方便，有效地消除了彼此之间的隔阂，把杰克·韦尔奇的"沟通、沟通、再沟通"的理念做了完美的诠释，同时也使得自己的员工获得了极高的归属感。那么，除了沟通之外呢？在沟通之外还有哪些方面能够帮助我们有效地提升员工的归属感呢？丰田公司的信条是："员工总是忠诚于那些忠诚自己的公司。"公司把很大一部分精力用来让员工感受到丰田和员工之间是一种密不可分的命运共同体的关系。

在丰田公司看来，员工和企业之间的关系可分为三个层次：利益共同体、事业共同体和命运共同体。在利益共同体下的公司和员工的关系就是员工负责干活，公司负责给钱的简单利益关系。这种关系下的员工的敬业度和忠诚度都是最低的。拿一天的钱干一天的活。在事业共同体下的员工和企业为了一项共同的事业而结合在一起。有共同的目标，积极性和工作效率都会比较高，但是一旦共同的事业出现危机，这种关系就失去了依附。丰田公司作为信条的命运共同体，是最牢固的、最能激发员工能动性和创造性的。公司和个人的命运紧紧联系在一起，生死与共，密不可分。丰田公司以"没有许诺的终身雇佣"向员工表明对他们的忠诚。丰田公司的这种公司对员工的忠诚不仅体现在所谓的信条上，更体现在公司的文件和经理的谈话中。丰田公司的团队成员手册就写有这样的内容："终身雇佣是我们的目标——你和公司共同努力以确保丰田成功的结果。我们相信工作保障是激励员工积极性的关键。"

但是这种命运共同体并不是靠法律和契约的手段强行捆绑在一起的。这一点也在公司的团队成员手册中写得清清楚楚："所有员工同丰田的劳动关系是基于就业自愿原则的。这就意味着无论是丰田还是公司雇员，在任何时候，因为任何理由都可以炒对方的鱿鱼。"但是丰田公司就是通过自己的努力，让员工对"没有许诺的终身雇佣"深信不疑。曾经有香港地区的媒体记者就这方面的问题问过丰田的员工，得到的回答是："公司是永远不会将我们解雇的。即使是不景气的时候，我们也将被留在这里和公司一起渡过难关。"员工对公司的这种信任感并不是员工自己凭空想出来的，而是公司一点点做出来的。丰田公司的总裁曾经多次在公开场合表示，即使是在公司最困难的时候，也不会选择裁员来"减负"，而是将公司的劳动力进行"重新配置"。"我们将利用这个机会来进一步培训我们的团队成员，团队的成员也利用这个机会来进一步提升自己的工作能力，这是他们在繁忙的工作岗位上做不到的。"

如何做到跟公司的员工结成命运共同体，员工的命运和公司的命运紧紧地连接在一起呢？首先让公司忠诚于自己的员工，然后再让员工忠诚于公司。这无疑也是一种提高员工归属感的有效途径。不管是微软还是丰田，它们的成功离不开公司稳定高效的员工团队。这样的一支优秀团队的打造离不开公司给员工带来的归属感，而归属感则离不开它们所采用的直接而有效的提升员工归属感的方法。这些方法值得我们借鉴，但是我们的企业毕竟不是微软，也不是丰田。我们面临的环境和要解决的问题跟他们都有不同之处，需要我们以"拿来主义"的精神对待榜样所提供的经验。通过主观能动性的发挥找到适合自己的提升员工归属感的高效途径，但是作为管理者我们必须深刻认识到那种员工只负责干活，企业只负责给钱的利益共同体下的公司只能被称为团伙。而只有那种事业共同体或者是命运共同体的组织，才是我们要寻找的高效的团队，而团伙和团队之间的差别，就是一个归属感。

准确而真诚的赞美让员工心花怒放

　　这个世界不分男女老幼，没有谁是不喜欢被赞美的，美国总统林肯也说"人人都需要被赞美，你也不例外"。那么，赞美到底有多重要呢？马克·吐温的话是这样说的："一句精彩的赞词可以代替我十天的口粮。"莎士比亚的说法跟他的差不太多，却一样深刻："赞美，即是我的薪俸。"对于永远离不开与人打交道的管理工作来说，赞美的作用同样必不可少。优秀的管理者都知道赞美是一种非常有效的而且是不可思议的推动力量。它不仅能够赋予人一种积极向上的力量，还能够极大地激发员工工作的热情。对于管理者来说，赞美和微笑一样都是一种成本极低效果又非常好的高效激励手段。

　　有一位在餐饮界非常有名气的企业家，他的团队不论是执行力还是忠诚度，都绝对是一流的。自从他的连锁店开始在各地疯狂扩展，同行们就盯上了他的团队。有不少同行亲自或者派人到他们的店里去消费，在消费的过程中仔细观察它的服务人员，然后会趁着他们在包厢提供服务的时候给这些服务人员开出优厚的待遇条件开始挖人。通常情况下，对于他们团队里面的一位普通员工对方都会开出大堂经理或者是饭店经理的条件。对手的这种几近疯狂的挖人行动，让身边的人开始变得有些担心了。公司的一位经理就曾表示过这方面的担心，担心因为对手开出的各种条件而导致店里的这些员工对现在的待遇感到不满，从而被迫提高用人的成本，这样一来会给公司的发展带来影响。面对身边人的这种担心，这位企业家只是习惯性地笑笑："这是个不错的问题，你能这么想说明你不只是关心自己的工作，还能关心公司的未来。这一点很难得，这让我从内心充满了感激。"在对这位经理表示了极大的肯定之后，他才开始慢慢说出了自己的观点："目前的这种情况确实应该引起我们的重视，这一点你说得非常对，但是情况还不是特别严重。幸亏我们的对手只是开了职位和薪资方面的条件。这就说明有些东西还没有引起他们足够的重视。他们没有注意到的地方对于员工管理来说是非常重要的，他们不明白就得支付比我们高得多的用人成本；如果明白了，也就不会再花这么大的代价到我们的店里来挖人了。不过你让我明白了非常重要的一点，既然你有这方面的担忧，就说明我们在这方面也还做得不够好。我们必须做得比以前更好才行，这次谈话对我和公司来说都非常重要。 我非常有必要代表公司对你表示感谢。"

让这位企业家在对手疯狂的表现下，还能保持淡定自若的是他在员工管理上的一大法宝。这个法宝就是对员工的精准而有效的赞美。这一点，从他与这位经理的一番对话中就能体现出来。他对员工的赞美并不仅仅是针对这位经理，并不只是体现在这次谈话当中。对所面对的每一位员工进行准确而有效的赞美，是他在几十年的创业当中养成的一个习惯，也是他运用得非常娴熟的一种技能。因为他深知这种技能对于一个团队管理者的重要性。这一感悟来源于他年轻时的一次打工经历。

那是他人生当中的第一份工作，在一家还算不错的饭店当见习服务员。第一天上班的一切让他现在都记忆犹新。那一天，他在店里整整忙活了一天，累得筋疲力尽。在不知不觉当中，他的帽子歪在了一边，工作服上也沾满了油渍。双腿像灌了铅似的沉重，脚底传来的火辣辣的疼痛，让他走路也有点歪歪斜斜的。总之到那一刻为止，他感觉这份工作简直糟糕透了。

"世界上再没有比这更糟糕的工作了。我真是受够了，等会儿我要跟经理谈谈，我真的没办法再在这里多忍受一天。"

他一边在心里不停地嘀咕，一边歪戴着帽子迈着歪歪斜斜的步子，准备为最后一桌客人结账。这时候迎面走来的经理拦住了他：

"累坏了吧，年轻人。看来这一天当中你没少干活啊！看你走路的样子，我就知道你的脚现在一定疼得要命，对你这一天的付出我们十分感激。你今天表现得非常棒，尤其是对于第一天来上班的你来说，更是这样。现在，你将要去送走最后一桌客人了，希望你能给自己非常棒的一天再画上一个完美的句号，你将得到我们所有人的尊敬。"

经理面带微笑，在对他说这些话的时候轻轻帮他重新把帽子戴好，并顺便整理好他胸前歪斜的员工卡。微笑着说：

"杰克·沃森，非常不错的年轻人，加油。"

经理最后在他的肩头轻轻地拍了几下，然后慢慢地离开。那是一种非常奇妙的感觉。整整一天以来，所有积累的疲劳和不满，在这一刻完全消失得无影无踪。不知道从哪里来的力量，让他整个人看起来就像是刚刚得到足够的休息正要投入工作一样。这种感觉让他永远记住了那个下午，那个胖胖的经理，同时更让他把赞美对于一个管理者的重要性深深地刻在了心里。从那以后，他总是尽力给身边的人以恰当的赞美，生活中如此，工作中更是这样。

毫无疑问，赞美绝对是掌握在管理者手中的非常高效的法宝。但是赞美也是一门技术，并不是所有想去赞美的人都能把赞美运用得恰到好处。关于在团队管理当中应用赞美去激发员工的积极性和工作热情的技巧，有几个原则跟大家分享一下。

1. 真诚

对你的员工进行恰到好处的赞美，能够极大地提高他的工作效率，激发他的工作热情。赞美是你作为管理者的激励方法之一，这是一个事实，但是还有一个更为重要的事实就是赞美本身要基于对对方的发自内心的欣赏，是以真诚的情感作为基础的。真诚赞美可以改变对方的心情，提高对方的自信。如果赞美缺了真诚就会适得其反。缺了真诚的赞美，就经常会被误认为是一种讥讽，而讥讽只会激起对方各种负向的反应。这对团队管理来说是非常糟糕的，所以如果不能让对方感受到你的真诚，那么宁肯不去赞美对方。

2. 具体

我们的很多管理者经常会用那些口头禅似的语言去赞美自己的员工。他们经常会对自己遇到的员工随意地说出"小伙子不错哦""表现不错，加油""好好干，肯定会大有前途的"这类的话，然后就匆匆而过没有下文了。这些话在管理者看来经常以为这就是赞美，是管理者在实施赞美激励了，但是在员工看来就跟"早"或者"你好"没什么区别，甚至效果还不如打一个招呼。因为过于笼统的赞美，会使对方觉得自己身上根本就没有什么地方是值得别人称赞的。领导想夸自己就只能勉强地说"你是一个好员工"这类的话了，这不就是当下流行的"好人卡"吗？要知道，这种好人卡是非常廉价的，通常被发好人卡的人在对方眼里是没什么价值的，只能勉强算是好人而已。所以，赞美一定要准确和具体，要先带着欣赏的眼光去了解员工，发现他们身上值得赞美的地方。那种不舍得花心思，贪图省事的"懒汉式"的赞美，大而不当。空乏无物的赞美，还不如说声"你好"。

3. 时机

见过不少的管理者对员工进行赞美的原则是：看心情。这种做法也是不可取的。因为赞美也是要把握时机的。今天有下属在工作上取得了不错的成绩，在向领导当面汇报的过程中，领导出于自己的心情原因一言不发，员工悻悻而去。结果第二天领导心情好了，才想起来昨天的那个下属真的是很棒的，应该夸几句，就兴冲冲地把员工叫进来赞美一下。可以想象作为下属，对领导这种赞美的方式该有多么反感，还很有可能耽误他们的工作。也许下属在被叫进来接受赞美的时候正是工作极为关键的时期呢。赞美激励的时机原则就是：绝不拖延。特别是在员工做出成绩以后，夸奖一定要及时。

4. 适度

赞美能够让一个人的心情变好，也能够极大地提高一个人的自信。但是过度过多的赞美却会导致员工滋生自满的不良心态。过度的赞美太容易把一个非常优秀的人才捧为"骄兵"，而"骄兵"必败。即使不败于自满心态下的粗心大意，也会败于自负心态下的自我孤立和众叛亲离。这就是我们经常说到的"捧杀"。在现实当中这样打着珍惜人才、尊重人才的幌子对人才进行"捧杀"的管理者也并不少见。一旦出现这样的情况，不仅仅是对被捧杀者，对整个团队都是一种极大的伤害。所以，赞美一定要适度，不能吝啬，同时也不可过度。

5. 场合

当你在众人面前赞美当中的一个人时，其他没有被赞美的人会下意识地有一种失落感。对于团队管理来说这种失落感有时候是有利的，但是有时候却又是有害的。比如说，如果你是因为某一个员工的工作表现特别突出而对他进行赞美的话，这种失落感对于团队管理来说是有利的。因为这种失落感会让他们反思工作当中做得不够好的地方，从而产生追赶表现优秀的员工的欲望。但是如果你是在众人面前对某个员工的自身品质做出赞美的话，这种失落感就会让他们觉得受到了歧视。比如夸小张"性格耿直，心直口快"，其他没有被赞美的人就会下意识地感觉到，你其实是在说他们心机太深，不够直爽。所以，赞美的场合原则是：因为工作和成绩的赞美，一定要在公众场合，欢迎围观，鼓励扩散；涉及员工自身的特点就要缩小范围，拉近距离，单独沟通。

现在让我们来梳理一下让赞美变得高效的非常实用的原则。如果你想做一个赞美员工的高手，想要在员工身上把赞美的作用发挥到最大限度，那就请记住：常怀真诚、时时观察、适时出手、量化精准、公私分明。

过生日，打破"吃饭"和"发钱"困局

在提倡人性化管理和情感投资的当下，为自己的员工过生日已经成为很多企业的企业文化当中不可或缺的一个重要组成部分。确实，生日是对一个人来说有着特殊意义的日子，同时也是增进感情，维持关系的一个很好的时间点。不用乔迁之喜，不用事业有成，也不用连升三级就可以把身边因为太忙不经常联系而显得有些生疏的朋友聚在一起，一场热热闹闹的聚会之后，彼此的关系就更近了一步。那些把为员工过生日作为企业文化的一部分的企业，也正是把员工的生日看作增进感情，增强员工归属感的一次绝佳的机会。

既然很多企业已经这么做了，我们就不再对为员工过生日，对于提高员工工作效率和积极性的重要作用做过多的阐述。我们来聊一聊，在为员工过生日这一激励措施的运用当中那些做得不够好的地方，然后再试着找出一些解决问题的思路。现在在大部分为员工过生日的企业当中，它们所采取的方法基本上有两种，要么喝酒，要么给钱。喝酒的现象基本上存在于中小型公司，所有的团队成员加在一起也不过二三十人，管理者还是有精力照顾到每一个人的。遇上谁过生日的时候，下班以后领导叫上所有人找一个离公司较近的地方搞一个生日聚会，吃吃饭喝喝酒。如果时间允许的话，大家在一起唱唱歌。这样做的好处在于，既让过生日的员工感受到了团队的温暖，又让大家在紧张的工作当中得到了适当的放松，同时一起吃饭、唱歌，气氛活跃，对增进感情也能起到不小的作用。给钱的现象，则更多地出现在公司规模较大、部门较多，管理比较规范的企业。这样规模的公司，员工人数可能会达到上千人甚至数千人，每个月过生日的员工都不是一个小数目，管理者根本就没时间也没有精力照顾到所有人。再说公司的部门众多，分工较细，管理者难免顾此失彼，所以就会选择在员工过生日的当月在该员工的工资表上再加上一份收入作为激励。这样做的好处就是省时、省力，节省了管理者大量的时间和精力，对于过生日的员工来说这种做法的激励性更大。弊端在于，点对点的激励，所起到的作用也只能是点对点的。

笔者的一个处于创业初期的朋友就是当中典型的一个例子。他的团队一共算下来也就十几个人，平时的工作量也比较大，大家也非常辛苦，很难找到大家一起放松一下的机会。这种情况下为员工过生日就成了最好的选择了。于是基本上每个月都有一到两次的机会，在夜幕降临之后他带着公司全部的人马，在五彩斑斓的北京街头浩浩荡荡地奔向酒楼。他多次说起那种时刻的感觉："在光影交错的街头，你走在队伍的最前面，回过头你看到的是一张张显得有些兴奋的年轻的脸庞。在他们的脸上，有霓虹映照下的梦想的颜色。你清楚地知道，身后的团队就是你的梦想和你的资本。你走在街头，走在队伍最前面，心中满是欣慰、自豪和兴奋……"每当说到这些的时候，他就忍不住地手舞足蹈。这也就是他每次都不选公司楼下的饭店、不开车、不打车的原因。

　　直到有一次，他公司新来的一个女员工毫无征兆就提出辞职。他说这个女孩的工作能力非常强，而且也非常勤奋。他对这个女孩的印象很好，并打算把她作为下一步重点培养的对象。但是没过多久他就收到了这个女孩递上来的辞职报告，他当时也做了挽留，但是没能成功。后来的偶然一次见面，这个女孩才道出了她离职的真实原因。原来在那位员工过生日的时候，公司的业务出奇地繁忙，根本就抽不出时间来一起吃饭唱歌，他就在这个女孩过生日的当月工资里额外多发了500元钱。但是他的这个做法却造成了这个员工的一个困局。那段时间大家确实是比较忙累，渴望找到一个机会出去放松一下，于是就在私下里打听这个月有谁过生日。这个女孩过生日的当天，按照惯例大家已经做好了出去狂欢的准备了，有两个男孩还特意给自己的女朋友打电话"请假"。但是下班以后，迟迟不见老板从自己的办公室里出来。就这样一直等到了很晚，大家离开时都用异样的目光看着这个女孩。本来按照公司的惯例每个员工过生日的时候都要出去吃饭的，偏偏到自己这里就成了例外，而且同事眼神中满满的失落和隐隐的责问，更让她感觉无比委屈。但这只是老板对员工的关怀而已，又不能理直气壮地去争取，她只能把这理解为老板对自己工作的不满意，这是一种变相的惩罚。既然这么努力地工作都得不到应有的肯定，那还是尽快离开公司算了。

　　这算是一个误会吧，还没等老板把准备好的那份生日礼物发出去，员工就已经做出了自己的选择，而且做出选择的理由很充分。另外一个朋友在一家公司的策划部做经理，他也经历过一次"生日事件"。有一天他们部门有人过生日，他就打算晚上带着同事出去聚一聚。刚好当天下午有个离职的同事过来办手续，出于对"人走茶凉"的避讳，索性邀请其一起参加。结果饭吃到了一半就出现了非常不和谐的事情，那个离职的同事其实并不想离开公司，借着酒劲就开始表达对经理和公司的种种不满……

有一位在一家较大型企业当中做人力主管的朋友，他说他们公司绝不会出现类似这种的"生日事件"，因为他们公司会在每个员工过生日的当月为他们额外发放500块钱的奖金作为激励。但是，有另外一个问题就是这个生日奖金所起到的激励作用越来越小。因为公司的这项制度已经在数年内没有做过任何变动，到目前为止原本用于情感投资的这部分支出已经变成了员工眼中的一项应得收入，完全无法对他们造成一丝情感上的触动。因为不是在员工生日的当天发放，所以对于员工来说只不过是每年当中的一个月会比平常多拿到几百块钱而已。而且这项支出完全只通过人事流程、财务流程的制度化环节做出来，没有互动，没有沟通，跟感情显然没有太大的关系。

以上这些案例都是在我们实际的管理工作当中出现过的，而且还不止出现过一次的例子。通过以上的这几个案例，我们也能够对这两种被应用得最多的方法的弊端有一个清晰的认识。生日聚会，沟通效果好，最便于增加彼此之间的感情。但是如果对管理者的时间和精力耗费过大，遇到工作特别繁忙的时候就很难做到一视同仁。直接发放"生日礼金"，缺乏沟通，感情增进效果不明显。当一种激励措施变成了一项可以预期的结果时，它就会变成员工的一项福利，成为他们眼中的"合理收入"的一部分。这就是我们解决问题的方向：既要发挥这两种最常用的方法的作用，又要规避它们自身存在的弊端。以下几个解决问题的思路供大家参考。

1. 多样化的方案

对于小公司、小团队来说，由于为员工准备生日宴会具有极大的优势，仍不失为管理者优先考虑的第一方案。但是同时管理者应该准备几种不同的方案，以方便根据公司的具体情况做出最优的选择。如果时间允许的话，为员工组织生日聚会。如果时间不允许就选择给过生日的员工一些其他方面的激励，如给过生日的员工准备一些礼品。但是必须在员工生日当天举行一个"微缩版"的宴会：准备一些礼品，然后把大家组织到一起，首先由领导表示对员工的祝福并说明原因，然后组织大家一起唱生日歌，并在唱完后把礼品发放到员工手中，避免员工的失落感和被忽视的感觉。

2. 礼品发放的多样性

对于较大规模的企业所选择的给过生日的员工发放"生日礼金"的方法，可把一成不变的礼金变成多样化的价值相当的礼品，并在礼品发放时组织"微缩版"的生日宴会。生日歌和生日祝福还是不能少的，否则就无法体现"生日激励"当中感情投资的特性。礼金变成礼品的目的是规避明确的可预期性。员工知道自己在生日的当天会收到来自公司的祝福，但是这份礼物究竟是什么，要等到收到礼品的那一刻才能揭开谜底。另外要深入了解"员工的需求痛点"，了解得越透，礼品的精准性就会越高，对于员工的情感触动也就越强烈。

3. 例会时间和集体生日

对于很少拥有计划外时间的大型公司来说，给员工过生日一定要合理解决时间问题。虽然很多规模较大的公司都有雷打不动的早会和例会的时间，但是并不是每次早会和例会都有特定的问题需要解决，很多公司的这个时间段都变成了领导讲话时间和员工喊口号的时间。这个时间用来组织一次"微缩版"的生日聚会完全够用，这个时候团队的成员全部聚齐，用来送生日祝福和礼品，激励效果一样很棒。如果时间依然很紧缺，可以尝试举办集体生日。举办一次"微缩版"生日会，表达对近期几个过生日的员工的祝福。

4. 来自高层的问候

有些岗位上的员工存在着一定的特殊性，比如说市场开拓人员，部门的同事可能会分散在全国的各大城市甚至是世界各地。就连为员工举行一次"微缩版"的生日聚会都是一种奢求，因为他们真的很难聚齐。那就使用另外一种变通的方法：来自高层的问候。由高于主管领导层级的高层署名填写一张祝福的卡片，或者是一封邮件，再或者是两分钟的简短电话来送达公司的祝福，然后公司再送出礼品。因为这个祝福是来自公司高层的，所以虽然没有生日会，但是对于员工的情感触动一点都不会少。

以上几个方案供所有想要给员工过一个好生日的管理者参考，但是这些还仅仅是一个体现解决问题方向的例子而已。方法还有很多，更高效的方法也还有不少，这就需要我们沿着业已明确的解决问题的方向一起努力。

对家属的关怀会让他们生死相随

我们先来说一个比较"变态"的故事。这个故事之所以"变态"，是因为一个"变态"的火锅店，这个火锅店里提供一种"变态"的服务，而这种"变态"的服务来自一个"变态"的团队，而这个显得有些"变态"的团队背后隐藏着的是一个"变态激励"的高手，一个来自四川简阳的男人——张勇。

几年前的一个冬天，北京的老饕们被一个当时还不怎么出名的火锅店惊艳到了。震惊他们的并不是火锅店里的吃食，而是这个店里少有的"变态"的服务。当时有人说在这个店里只有你想不到的，没有他们做不到的，还有人说在这里无论你经历了什么都没办法生气。于是在相当短的时间内，所有的北京吃货都知道了一家叫作海底捞的火锅店，都为他们那种被传得神乎其神的所谓的变态服务所吸引。经常会出现在寒风凛冽的北京街头，有人驱车前往然后等座到夜过子时的现象，这该是一种什么样的吸引力？但是据体验过的人讲，当真是不虚此行。过程很折腾，但是结果很满意。不仅是吃饭时满意，就连在漫长的等座时间也没有生气，真的就厉害了。于是各路老饕、业内高手、各家媒体蜂拥而至，张勇和他的海底捞几乎是一夜之间驰名九州。

在笔者的几本书中都提到过张勇旗下的这个有些"变态"的团队。这个团队的"变态"主要体现在三个地方：能提供让顾客不管经历什么都无法生气的周到、细致、贴心到"变态"的服务；具备一种跑得双腿生疼、脚底见血却不喊苦叫累的"变态"的勤奋；具有一种让猎头公司们又爱又恨，经常大骂猎头的"变态"的忠诚。试问，如果给你这样一支"变态"的团队，你会不想要吗？但是这也只能是"如果"，没有人会那么幸运平白得到这样的一支团队。张勇也不能。海底捞的这支团队是他靠过人的胆识和高超的激励手段打造而成的。张勇对于自己的员工有很多在其他企业并不常见的激励手法，在这里我们只说他对员工家属的关心。张勇对海底捞的家文化的打造非常成功。张勇曾经对《海底捞你学不会》的作者黄铁鹰老师说：

"关键点不应该放在如何培训员工怎么做这份工作上，而是要放在如何让员工愿意干。你就赢了。"

黄铁鹰老师追问："哪个老板不想让员工用心工作，这是全世界老板都想征服的珠穆朗玛峰，可是真正做到的却是凤毛麟角，你是怎么做到的？"

张勇接着解释道："我觉得人心都是肉长的，你对人家好，人家也就对你好，只要想办法让员工把公司当成家，员工就会把心放在顾客身上。"

张勇既是这么说的，更是这么做的。他对于海底捞家文化的营造并不局限于改善员工的居住和生活环境，像兄弟姐妹一样给予他们尊重，更在于像关心自己的家人一样去关心员工的家人。

海底捞每年都会以组织优秀员工的家长出去旅游的形式来替他们为父母尽孝。海底捞河南焦作店的一位名叫徐敏的员工的故事在海底捞公司内外广为流传。徐敏的老家在四川农村，因为家庭条件的关系很早就放弃了学业。来海底捞以后，一连三年都没能回家陪父母过春节，不能在父母面前尽孝，让他内心感觉非常愧疚。当公司让他通知自己的父母参加公司组织的优秀员工家长赴海南旅游时，他内心的激动怎么也无法压制。他在电话里告诉父母公司请他们去海南旅游，但是爸爸担心公司会找自己的孩子要钱，迟迟不肯答应。当得知所有的费用都由公司报销以后，他们才开心地踏上了旅途。徐敏说那是父母第一次出远门，第一次见到大海，父母很开心，自己更加开心。然而，让徐敏感到更加开心的是：爸爸妈妈要来焦作看他，公司已经连车票都给订好了。

这是一种什么样的激励，这才是真正的所谓的家的营造。你为公司努力工作，公司替你膝前尽孝。公司、员工、家属构成了海底捞家文化的三个重要组成部分。这样的激励能起到什么样的作用，那就是员工把公司真正当成自己的家，把同事真正当成自己的家人。在海底捞都知道有一位敢于为公司拼命的杨小丽。杨小丽作为张勇的一位得力干将，自然也是很多猎头公司眼中的绩优股。猎头公司经常打来的电话成了最让她感到头疼的事情。黄铁鹰老师曾经问她猎头公司给她开出的条件，杨小丽表示基本上都是年薪百万元以上外加股份。但是杨小丽还是选择留在海底捞。她经常对猎头公司的人说："不是钱多钱少的问题，你们不要再来电话了。我离开海底捞什么都不是，我不会离开海底捞的。"杨小丽对于海底捞不只是忠诚，而且敢于拼命，是那种真正的拼命。她曾经带着店里的员工直接面对前来捣乱的手持棍棒的60多个大汉。只要那些人敢进来，她就随时准备拼命。当时的她只是一个身高不到一米六，年仅二十一岁的小姑娘。杨小丽的一句话，值得管理者深思："我就把海底捞当家了，谁要损害公司的利益，我敢跟他拼命！"

什么是家的感觉，这就是家的感觉：你为公司服务，公司替你尽孝；公司替我尽孝，我把公司当家，谁敢损害公司的利益，我敢跟他拼命。命都敢拼了，工作苦一点、累一点，平时多付出一点又能算得了什么？拥有这样的激励智慧，打造这么一支"变态"的员工团队也就在情理之中了。这不能不让那些只知道请猎头公司帮忙，渴望什么人能够给他一支优秀团队的管理者感到既惊又愧。

其实把员工的家人当作自己的家人，把员工的事情当作自己的事情来激励员工的管理者不止张勇一个人。正泰集团的董事长南存辉也是一位这样的榜样。正泰集团当中有一名四川来的职员，他的妻子在分娩时因为医院的操作不当导致婴儿不幸夭折。但是医院把这一切责任全部推脱，并通过多方关系向这位正泰集团的职员及其家属施压。南存辉在准备出差的时候听说这件事，立即取消了去湖南长沙出差的计划，亲自组织集团党委、工会等相关负责人代表员工与医院交涉，最后终于帮员工争取了合法的利益。后来这位员工在给正泰集团的信中写道：

"我们夫妻只是上万名正泰员工中普通的一员，但公司领导能够亲自过问我们的事情，并促成问题的解决，让医院还我们以公道，真是难能可贵。从这件事上，我们深深感受到正泰大家庭的温暖，感受到一名外来员工在这个大家庭中的分量，从而感受到企业以人为本的力量，我们一定忠于正泰、扎根正泰，为正泰发展效力。"

这就是从家属入手激励员工的效果，管理者所求的执行力、忠诚力全部都有了。懂得这一激励智慧的不止张勇一人，也不止张勇和南存辉这样的中国企业家。日本的麦当劳公司在这方面也做得非常不错。日本麦当劳公司的管理者不仅记住了每个员工的生日，而且还会记住他们太太的生日。当他们的太太过生日时都会收到公司总裁藤田让礼仪小姐送来的鲜花。不难想象，当这些太太收到丈夫公司的总裁送来的鲜花时，心中该是怎样的一种激动。然而日本麦当劳公司所做的还不止这些，它在每年的6月底和年底发放奖金之外，每年的4月份再加发一次奖金。这次发的奖金叫作"太太奖金"，由公司直接发给员工的太太，先生是不能经手的。除此之外，日本麦当劳公司每年都在大饭店举行一次联欢会，要求所有已婚员工必须带着另一半出席。会上除了表彰优秀员工外，总裁藤田还会郑重其事地对员工的太太们表示真挚的感谢。

想要对员工实施有效的情感激励，想让团队感受到家一样的温暖的话，那么请记住：你的这个"家"的概念中不应该只有公司和员工这两个要素。所有的员工在来公司之前都有一个第一意义上的家，它是所有人努力打拼奋斗的动力之源，也是员工自动自发的开关，管理者只有准确地按动这个开关，员工才能进入自动自发的超高效、超敬业状态。你敢把他的家当家，他就敢以公司为家，为了家的发展，他敢于付出一切。

叫其名，更要称其位

拿破仑曾经说过一句话，后来成了管理界关于情感激励的一个铁则：能叫出一个士兵的名字，就等于买下了他的半条命。后来管理界的朋友提出了"能叫其名，如买其命"的说法。不得不说，这是一个正确且有效的方法，很多人在谈到这一问题的时候，更多的是侧重于叫出员工的名字。叫出员工的名字对员工激励的重要作用，以及记住员工名字的方法，在这里我们不做过多阐述。我们仅就如何正确地叫出员工的名字，以及管理者在叫出员工的名字时所做的不太到位的地方做一些展示和分析。以下是笔者在另外一本书《获得感》当中提到的关于如何正确叫出员工名字时，所选取的三个具体案例，我们一起来看。

情境1 黄薇刚刚入职一周，除了自己所在的服务部的几个同事和部门的主管张萍之外，对其他人都还不是很熟悉。如果说还有认识的人那就是公司的刘总了，但是黄薇并不确信他们之间算是认识。她认识刘总因为在面试时刘总跟她聊过，但是她不认为刘总也认识她，因为入职以来几乎没跟刘总有过正面的接触。

出于新人的习惯，周一早上黄薇比别人提前半小时来到公司，刚要进门听到后面一个声音：

"黄薇，这么早就来了？值得表扬哦。"

竟然是刘总，黄薇简直不敢相信，刘总竟然记得自己的名字。

情境2 星期六的上午，王洋正在陪女朋友一起逛街。对于他们来说这是个兴奋而又甜蜜的周末。上周公司刚刚公布了晋升结果，王洋现在已经是所在部门的经理了。他跟朋友约好了晚上在家里开派对庆祝，所以早早就出来购买各种食材和饮料。

突然，透过人群看到公司负责人事的齐总。他们住得并不远，每次遇见，齐总都会热情地跟王洋打招呼。但是这次，王洋心里却莫名地有些忐忑，好像在期待什么，又好像在害怕什么。他不太确定齐总会叫他王经理，还是跟往常一样叫他王洋。

情境3 某商业策划公司刚接到一个大的订单，经过策划部全体人员一周的努力，策划方案草案已经确定。现在策划部总监苗静正在会议室内跟策划人员一起讨论最后的细节。跟以往的策划会议不同，由于项目的重要性，公司的李总也参加了会议。

在员工眼里，李总为人很好，他能记得策划部所有人的名字。经过三个多小时的讨论之后，方案已经最终确定。李总也表示很满意，跟大家说："为了这个案子，大家都辛苦了。刚才的讨论大家的发言也都很有创造性。尤其是沈浩、张宇，他们的建议对方案的完善很重要，应该提出表扬。"

李总说完站起身在离开之前跟苗静说："对了苗静，你一会儿安排一下。晚上跟大家一起庆祝一下，我一定到场。"

策划部所有人都很兴奋，但是苗静却感觉心里怪怪的。

以上三个情境所展示的是正确叫出员工名字的具体应用当中常见的三种情形。它们在细节上略有不同，但是秘密就藏在这些略有不同的细节当中。在以上三种情况下，管理者都能准确地叫出员工的名字，但是因为具体场景不同，所起到的效果存在很大的区别。可以看出在情境1当中，领导能准确地叫出员工的名字，对员工绝对是一种激励，这算是叫出下属名字这个措施自带的情境，同时也是这一措施运用的最佳情境。我们能够想象得到，刚刚入职一周的黄薇听到刘总在后面喊自己名字时的惊喜。

但是换到情境2，如果齐总还是像以往那样准确地叫出了王洋的名字，会是一种什么样的结果呢？最起码对于王洋来说，这场景就显得有些尴尬了。一个刚刚晋升正要庆祝的下属在自己的女朋友面前特别希望领导能帮自己印证升迁的喜讯。怎么印证？那就是领导不再像以往那样直呼自己的名字，而是叫出自己的职位。一旦齐总当着他女朋友的面改口叫他"王经理"，那王洋心中必定是满满的自豪和骄傲，在内心深处也必定怀着对齐总深深的感激。坦白说，如果换作是我，我就特别希望齐总叫我王经理，至少今天我希望他能这样称呼我。哪怕只是今天。但是如果这一希望落空，那今天的这种强烈的失落感势必会影响齐总在王洋心目中的印象，甚至还会因为女朋友质疑的目光而影响接下来的工作。

至于说到在情境3当中，李总做出的这个示范并不能算是正确的示范。虽然从我们情境给出的信息中不难了解到，李总其实在情感激励上面还是做得很不错的。最起码他之前做得很不错，毕竟他记住了策划部所有员工的名字，这已经很好了。其实在整个情境3当中，李总一开始做的示范都是正确的，而且他在策划部出色完成一项重要工作之后，很及时地给予了肯定和奖励，并表示自己一定会到场。到这一刻为止，这一切都做得很棒。但是当他像叫出策划部其他员工的名字一样叫出策划部经理的名字时，问题就出现了。因为他显然没有注意到基层管理者的心理需求。作为基层管理者都需要领导在自己的下属面前维护自己的权威，需要领导对自己职位的认同和肯定。但是很显然，李总对苗静的这种需求没有察觉，最起码是没能做出及时的调整。当然这并不是说管理者在面对基层管理者的时候叫对方的名字就是错误的，而是说一定要洞察不同情境里下属的心理需求。在单独沟通时，叫对方的名字特别是去掉姓而直接叫名字会无形当中拉近两个人的距离。这些是下属在那个情境下的心理需求，这么做是正确的。但是当情境变化了，下属的心理需求也发生变化的时候，管理者就最好能够做出适当的调整。特别是在下属的下属面前，或者是在情境2当中提到的在下属特别在意的人的面前。上一级管理者应该有意强调下级管理者的头衔职务，以示对下属能力和职位的肯定。

准确叫出下属的名字，听起来特别简单。最开始接触这一法则的时候我以为这件事情的难点在于怎么记住那么多员工的名字，但是当越来越多的咨询者反馈他们的实践信息之后，才发现问题根本不在那里。所有类似问题的根源在于，现实需要我们根据具体情境调整解决问题的方法，但是我们已经习惯了直接用别人告诉的方法来解决自己的问题。最后要说的是，如果想更快掌握情感激励的正确使用方法，就不得不设身处地地站在下属的立场来想一想，琢磨一下他们在不同场合下的不同心理需求。对于上述情境所提到的那些优秀的管理者来说，只要他们能够深入了解到下属的真实心理需求，其他的一切都不是什么问题了，毕竟他们在这方面已经做了很多了，也做得不错。我们现在寻求的是"叫出下属名字"的一种更加高效的运用方法，这种方法与常规方法的区别在于细节。抓住这些细节的关键来自对下属在不同场合下心理需求变化的洞察。

攻心为上，情感激励的无上法则

兵法上有一种说法叫作"攻城为下，攻心为上"。对于管理工作来说也是这样，尤其是在情感激励方面更是如此。每一位善于使用情感激励的管理者都是一位精通心理学的高手。因为对于员工而言，除了基本的物质需要外，还有更深层次的获得情感关怀的心理需求。作为管理者，如果能了解员工的这种情感需求，并采取恰当的方法予以满足，就能真正增强凝聚力和提高生产效率，让员工在工作中感到快乐。关注员工的心理需求，帮助员工解决情绪上的问题，其重要性不亚于给予他物质和经济方面的各种奖励。而要看一个管理者是不是这方面的高手就要看他是否具备发现团队当中的牢骚并解决牢骚的能力，甚至是更高一个层级的是否具有营造一个适度牢骚成长的环境的能力。

如果某位团队的管理者说："我的团队没有任何问题，从来没有听到团队的成员对我有任何的不满和抱怨。"那只能说明这位管理者并不了解自己的团队，也不具备管理下属情绪的能力。因为世上原本就没有百分之百的事情，万事万物都是在矛盾中生存和发展的，一个团队内部更是有着错综复杂的利益纠葛，这种复杂性更是容易产生各种大大小小的矛盾，所以根本就不存在绝对没有不满和抱怨的团队。如果管理者自认为没有，那就只能是两种情况。可能是这个团队缺乏员工情绪和心理沟通的渠道与机制，员工的各种不满和委屈，被迫隐藏而不敢表达。也有可能是这位管理者自我感觉过于良好，从不理会员工的心理和情绪需求，对员工的各种抱怨和牢骚视而不见。不论是哪一种原因，都在说明这个貌似稳定的团队其实已经非常危险了。那些被隐藏起来的或者被视而不见的员工的各种不满和牢骚会成为一枚定时炸弹，一旦引爆，后果不堪设想。

一个懂得如何攻心，善于解决员工心理和情绪问题的管理者，首先得具有情绪情感外倾的能力。什么是情绪情感外倾？最直白的说法就是，他首先得要合群，要乐于沟通并善于沟通。如果一个管理者特别沉闷，在下属面前永远是一副高冷姿态，或者永远都是一副蔫蔫的模样，跟谁都不说一句话，跟下属完全没有沟通，那就算是下属心中有再大的不满，自己也不会知道。这样的管理者很多时候都是最后一个知道团队出现问题的人，但是往往等他知道的时候事情已经无法挽回了。

有一位特别勤奋，能力也特别强，深得老板器重的管理者，因为公司员工的一次群体性事件而不得不选择离开公司。事情的经过大概是这样的：这位管理者在专业领域有着非常深的造诣，而且本人也非常敬业，非常勤奋。他也特别喜欢把更多的精力用来解决各种技术上的难题，这也是老板非常欣赏他的原因。但是在他看来，管理就是清楚地告诉属下应该做什么，并指导他们怎么做。简单来说，就是他以为自己的任务是带着下属把该做的事情做好，其他的根本无足轻重。所以他与员工沟通的内容全部都是下达任务、询问过程、帮助解决问题。他与员工的每一次谈话必定是以上三项当中的一项，而且每次沟通任务也极其言简意赅：布置任务时只对员工说明需要在多长的时间以内完成一项什么样的任务，解决问题时也只是在员工将问题说明后给出准确的指导意见。在员工完成任务后，他通常也只是简单的一句："哦，好的，知道了。"然后开始安排下一个任务。对于其他的事情，他只是简单传达老板的意思，传达完后一概不过问。事情发生的当天，当员工因为年终放假的问题在办公室门口堵住老板要求沟通的时候，他还躲在自己的办公室里思考一个技术难题的解决方案。

事后老板问他："他们在外面已经闹翻天了，难道你就一点都没有发觉情况不对吗？"

"没有任何人跟我说起这方面的问题，对这种情况我完全是一无所知。"

面对老板的责问，他显然没有认识到事情的严重性。而老板了解到的情况却是员工曾几次试图与他就年终放假的问题进行沟通，但是他却充耳不闻。每次员工一开口就被他打断，然后询问工作的进度和任务完成情况。当员工汇报完工作之后再想表达自己的想法时，就被他一句"好的，我知道了，你先出去吧"给请出了门外。一连几次吃了闭门羹之后，员工一致认为公司根本就不在乎他们的不满，故意对他们的意见不予理会，再想起以前种种的沟通不畅，甚至觉得公司的管理没有一点人情味。这就造成他们很大的负面情绪，群情激愤之下决定所有人一起找老板讨要一个说法。在这种情绪的影响之下，员工的诉求重点也从原来对年终假期的适当调整变成了对他的不满情绪的宣泄，这就形成了"逼宫"的事实。

在离开公司的时候，老板对他说的一番话值得我们深思："你是个很不错的人，业务能力和对于工作的勤奋都无可挑剔。这两年的时间，你和他们都很努力，任务完成得也很出色。但是这些还不足以让你成为一个优秀的团队领导。希望你能明白，对于一个管理者来说，解决下属的情绪问题跟解决技术难题一样重要。很显然你具备很强的目标管理能力，但是在员工的心理和情绪管理方面你还有很大的成长空间。"

就像我们在上面的故事中看到的一样，事情一开始并没有那么严重，这种小矛盾在我们的工作中是很常见的。如果是一个善于攻心的领导，可能在员工的情绪没有被激化之前就通过沟通解决了。与这个故事相对的还有一个英国的故事，这位领导就是一位善于攻心的心理情绪管理的好手。

这位领导是英国政府某个部门的负责人，因为工作的需要打算派部门中的一位女性职员苏去另外一座城市工作。但是这样一来，这位女职员就不得不选择搬家到工作所在地。不过，如果她需要搬家的话，政府将会支付她由此而产生的各种费用，并在新的工作所在地给她安排一个比现在更大的家。不但她自己的工资将会得到较大幅度的提高，她丈夫的工作也会重新安排。但是这些并不能抵消要她举家搬离生活了这么多年的城市而产生的情绪上的不适，这让她感觉到非常难受，但是又不舍得放弃眼前的工作，于是就在私下里跟她的同事抱怨。她的抱怨被她的领导维克听到，于是就找了个机会跟她进行了一次长谈。

维克：很抱歉，苏。因为部门的工作原因给你近来的生活增添了烦恼。

苏：我也很抱歉，我知道部门为了这次人员调动已经做了很多，但是我心里仍然很不好受，我不确定自己该不该放弃这份工作。事实上我最近一直在考虑这个问题，但是我不确定。

维克：那么，能不能把这些让你烦恼的事情说得更加具体一些呢？比方说，如果你搬家的话，你将会遭受什么样的损失，你可以说得具体一些。

苏：多么明显的事实呀，如果我们搬家的话我们就得离开这个生活了这么多年的城市了，必须离开我们原来的家。孩子也得离开现在熟悉的学校，我们在这座城市所有的福利都将发生变化。而且，这样一来我们的家还将远离父母的家，那可是有1500英里远。

维克：没错，苏。你说的这一切都是很明显的事实，而且听起来也确实让人感到难过。那么，我们是不是再想一下如果你去到另外一座城市的话，你们将会从中得到些什么呢？

苏：嗯，我们将会有一个更大、条件更好的新家，会认识一些新朋友。因为有探亲的假期，我们每年还能够回来见见现在的这些朋友。我的经济条件将能够得以改善，我丈夫能得到一份新的工作，那份工作是他想要的。我们新家的附近还有一所不错的大学，我还可以在那里进修。

维克：真不错，这些听起来就让人感觉舒服多了。那么是不是还有一些仍然保持不变的东西呢？

苏：嗯……可以维持不变的……我们的朋友，他们不会因为我们的离开而断绝我们之间的关系。我们每年都会回来一两次来看他们，而且还会给他们带一些这座城市不容易找到的东西。我们的父母，他们身体还很健康，也不会因为我们的离开而减少对我们的关爱和支持。而且，我们也可以回来看他们呀。

维克：没错，事实完全像你所说的那样，你将会在这中间失去一些东西，同时也会得到一些新的东西，还有一些东西并不会因此而受到什么影响。事实就是这样，不过比较起来，这件事情好像并没有想象的那么糟糕。也许你可以再重新考虑一下。

......

看得出来，这是一次比较成功的谈话。两天以后苏就开始准备搬家的事情了。事态原来看起来比较严重，因为苏已经开始考虑要放弃这份工作了。但是一番入情入理的谈心之后，事情就转向了积极的一面了。显然，维克作为一个部门的负责人，是非常善于管理下属的心理和情绪问题的。他是一个不折不扣的攻心高手，了解员工抱怨和发牢骚的心理症结所在，并采用循循善诱的方式来引导员工把这些问题全部表达出来。事情就是这样，问题一旦被说出来，就会少了很多情绪的因素，理智就会重新占据优势，很多问题也就这么迎刃而解了。如果我们上面提到的那个团队的管理者也能明白这个道理的话，事情就绝不会是我们看到的那个样子了。

第十章

影响力修炼，发挥领导的表率作用

作为管理者，我们要做的就是让员工看到的首先是一个人，一个幸福的人，充满了正能量的人，然后才是一个高效工作、能力出众的领导。向自己的团队源源不断地传递正能量，打造一个充满了正能量的团队，这是一个拥有影响力的领导的责任之一。

榜样作用，自己做到再要求员工

针对一个团队管理的咨询者而言，最大的希望就是所有有幸结缘的人都能够梦想成真。但是很多时候梦想成真这样的话也就只能是一种美好的愿望和祝福而已。这种情况让我不禁想起刻在某个人墓碑上的那句话："有时治愈，常常缓解，总是安慰。"这个墓志铭的主人叫作特鲁多，一位长眠于萨拉纳克湖畔的医生。这句话是对医学现状的一个客观的评价，也是每一个行医者都应该具备的对医学的基本认知。不光是行医者要有此见解，每一位患者也应该理解这句话的真实含意。真相说起来往往会让人感觉不那么舒服，但是那就是事实。对患者而言，更愿意相信医生是无所不能的上帝，能够战胜任何给人类带来苦痛的病魔。最不济也要像天使那样，作为上帝的使者他总能对付绝大部分的病痛。但是事实却是，医生既不是天使更不是上帝，他不过是以此作为职业的人，跟以做饭为职业或者以种地为职业的人本质上没有什么不同。对于病痛的治愈能力无不受着自身条件和时代因素的限制。虽然对不同的医者而言，对于病痛的医治能力会存在细微的不同，但是大体上总也逃不过特鲁多的墓志铭上的那句话：有时治愈，常常缓解，总是安慰。

用这句话来观照当下企业的团队管理及团队管理者和咨询师之间的关系，简直是再合适不过了。没错，咨询师知道很多种方法，能够有效改善团队管理当中遇到的形形色色的问题。管理者和咨询者都有着一个共同的梦想，就是凡是被告知这些方法的人都能够把团队当中所存在的问题全部根除掉。但是现实却还是不免有些令人遗憾。这当中的原因在于，很多团队当中的问题决定于团队管理者。其实一个经验丰富的咨询者并不用跟那些前来咨询的管理者说得太详细，只要跟这位管理者单处几个小时，有机会仔细观察他的言谈举止的细节，就大致可以判断出他所带领的团队存在的主要问题的方向了。这并不是什么玄之又玄的事情，而是因为管理者是离下属最近的活生生的榜样，而榜样的力量是不可估量的。好的方面是这样，不好的方面也是这样。古人常说有什么样的君王，就会有什么样的臣子。在管理上也是这样，有什么样的领导就有什么样的下属，他们就会组成什么样的团队。从某种程度上说，管理者的特质将影响员工的特质，进而影响整个团队的特质。

从某名牌大学毕业的张浩，凭着自己过硬的学历入职一家大型企业，成为这家企业的市场部主任。但是他在大学期间养成的一些不好的习惯，被他下意识地带到了工作当中。比如迟到、早退、工作懒散等。他的这些习惯很快就在团队当中得到了病毒式的传播，市场部的很多员工也开始变得懒散，不断有人迟到和早退。渐渐地，部门的销售量也日益降低，整个团队的执行力跌到了谷底。这种情况下，张浩不但没有意识到问题的根源，反而将责任归咎于下属的不努力。他开始经常严厉地责备批评下属的种种缺点，但是员工面对他的指责，非但不买账，反而还振振有词地争辩道："我们所有的这些习惯不都是跟你学的吗？你自己都做不到的事情，凭什么要求我们去做？"

类似于张浩这样的管理者，如果他的诉求是想要得到一个执行力极强的团队，又不能正视自身所存在的问题的话，他的诉求就只能是一个美好的愿望。如果他不肯改变，就不可能成为被"治愈"的那一少部分。别人告诉他再多有效的方法也只能是暂时缓解，或者干脆就是一种心理上的安慰。所幸的是，还是有为数不少的优秀企业家对这一点有着深刻的认识。也只有这样的企业家当他们的团队出现问题的时候，才有可能被"治愈"。

美国女企业家玛丽·凯是这些优秀企业家当中的一位。在她的管理理念中，管理者的速度就是员工的速度，称职的管理者都应该以身作则。玛丽·凯曾经说过："你不但应该在工作习惯方面要成为员工的楷模，而且在衣着打扮方面也要为员工树立榜样。我只是在自己形象极佳时出现在公司。我认为自己是一家化妆品公司的创始人，必须给人留下好的印象。经常会有人告诉我，我们的全国销售主任中有许多人在学着我的样子都穿得十分漂亮。"正是因为她有着对管理者在整个团队当中影响力的清醒的认识，所以她对自己的要求也极为严苛。她对自己产品的生产线都了如指掌，她的不懈努力，让自己成为一个资深的美容顾问和商品专家。她在公司的员工面前经常说的一句话是："照我做的去做。"她之所以如此苛刻地要求自己，是因为她非常清楚管理者在团队当中的榜样作用。以身作则的好处在于不仅能够发挥领导在团队当中的榜样作用，而且当员工犯错时你能够理直气壮地批评犯错的下属，因为你做到了。

日本经联会前会长土光敏夫，也是这样一位优秀的管理者。他曾经表示："作为一名主管，要比员工付出加倍的努力和心血，以身示范激励士气。"这既是他的管理理念，也是他在这方面行动的真实写照。他以身先士卒的做法一举改变东芝电器公司颓废状况的业绩使得他成为日本享有盛名的企业家之一。曾经风光无两的日本东芝电器公司早在土光敏夫接手之前就已经江河日下了。土光敏夫到任后，首先并不是要求员工怎么做，而是自己开始每天巡视工厂，访遍东芝设在日本的工厂和企业，与一线员工们一起工作，一起吃饭。每天早上他总会比别人早半个钟头到达工厂，然后站在工厂门口向陆续进厂的工人问好。这种率先示范的做法，使得上下的员工都深受感染，从此变得士气大振。随着员工工作状态的不断改善，没过多久，公司的生产就恢复了正常，并再次取得巨大发展。土光敏夫经常说的一句口头禅是："以身作则，最具说服力。"这无疑就是领导者在团队当中所起的榜样作用的最好解释。

　　管理者是团队当中影响力最大的榜样。当你发现团队当中出现某方面的问题时，首先要反求诸己，看看自己身上是否存在这方面的问题。在确认问题的根源不在自己身上时，再向外寻求解决问题的方案。反之，就应该立即从自身做起，先改变自己然后再去改变团队。只有如此，才有可能成为那一少部分被"治愈"的幸运者。如果不首先向自己索要答案，而只是向外寻求的话，即使你遇到的是一位国医圣手，也不能改变你的诉求沦落为一种安慰的命运。

领导激情饱满，下属不敢懈怠

对于一件事情或者一项工作所取得的成绩而言，有两个至关重要的决定性因素：一个是执行者的工作能力，另一个就是执行者的工作激情。单就智商和工作能力而言，员工之间差距并不是很大，造成执行结果存在很大差距的决定性因素就在于执行者激情的差距。当员工用百分之百的激情去做一件事情时，激情可以激发出员工潜在的巨大能量，而且在遇到困难时还会让员工具备百折不挠的韧性。只要有足够的激情，原本枯燥乏味的工作，在员工眼里就可以变得生动而有趣。即使在旁人看来是既苦又累的付出，但是在充满激情的人眼里完全可以是一种享受。

充满激情的工作完全是自发的内在需求，这种需求对执行者而言，是一种极大的驱动力。他可以在没有任何外界要求的情况下自动自发地、倾尽自己全部力量把这一件事情做好。但是如果工作缺乏激情，就完全变成了一种被动式的，在外界强制要求下所进行的活动。这样的执行者在工作当中是丝毫体会不到任何愉悦的感受的，不仅在工作中体会不到愉悦，甚至在工作开始之前就斤斤计较，开始算计付出和回报；但凡工作中出现困难，马上就会选择退缩。激情就像是一台巨大的发动机一样，为推动个人进步和企业发展提供源源不断的强劲动力。

乔丹·伯德就是一位靠激情成就事业的典型范例。他因为对巧克力的喜爱而创办了一家巧克力公司。也许在普通人看来，巧克力不过是一种好吃的食物而已，但是在伯德的眼中，它却是一件美丽的艺术品。正是由于对这项事业极高的热情，他才能够做到与巧克力同呼吸共命运，才能够使自己不知疲倦地去了解各种不同的巧克力类型，以及巧克力需要添加的成分，并在实践的过程当中体验到了这项工作带给自己的极大的愉悦感和满足感。到后来，他已经完全沉浸在这种巨大的幸福感当中不能自拔，完全抑制不住想要去收集与此相关的所有资料的冲动，把自己的全部时间都用来参加各种巧克力的研讨会，并在每次会后都迫不及待地把所了解到的知识付诸实践。他发誓要做出世界上最美观、最美味的巧克力。

这已经不是做一项事业这么简单的事情了，他把巧克力变成了自己最大的梦想和追求。他的生命中到处都充满了巧克力那诱人的香味，他的每一个行动，每一句话，甚至是每一个念头都与巧克力密切相关。不光是自己如此，他还在无形中把自己的这种激情传递给了公司的每一位员工。他经常对公司的员工说："我们能让美观而美妙的巧克力给人们带来无限快乐，还有比这更美好更有意义的事业吗？"如此这般的激情，已经把对最好的巧克力的追求变成了他毕生坚定不移的信仰。这份信仰不光是他自己的，更是公司所有员工的。正是靠着这份激情，他的身边迅速聚拢了大量的优秀人才。到后来他公司的员工多达五万人，并且成功上市。

被激情激励着的企业家和管理者绝不仅仅是乔丹·伯德，杰克·韦尔奇也是一位典型的激情主义者。当年杰克·韦尔奇之所以能够担任通用电气公司的总裁，一个具有决定性作用的因素就是他的激情。他在就任通用电气总裁时说："我很有激情，通过我的激情来感染我的团队，让我的团队也有激情，这才是我的激情所在。"

激情对于个人的进步和企业的发展所起到的巨大作用，在乔丹·伯德的故事和杰克·韦尔奇的话语中已经体现得淋漓尽致。但是同时我们还应该看到另外一个重要的问题：管理者的激情如何才能推动企业的发展。要想推动整个企业的发展光靠管理者个人的激情是远远不够的。作为一名优秀的管理者，自己充满激情，还不足以被称为激情主义者；还有一个更加重要的使命，就是把自己的这份激情传递给团队的每一位成员，让整个团队都富有激情，这样才能成功地推动整个企业的发展。那么如何才能用管理者的激情，打造一支富有激情的团队呢？韦尔奇的观点是：先发现并邀请富有激情基因的人加入团队，在工作中进一步激发他的激情并予以保护，并用他的激情感染身边其他的团队成员。

如何发现那些富有激情基因的人才？首先，这个人得是精力旺盛的，做事充满活力；有决策的勇气和魄力；拥有较强的落实执行力；面对困难时具有较强的承受力；拥有能够有效感染和调动身边其他人的情绪的能力；敢于主动和上级交流工作和心得。如果在你的身边发现具有以上这些特质的人，那他就是你要寻找的富有激情基因的员工。一定要在工作中保护他的这种特质，并让他用这些特质去感染团队的其他成员。需要注意的是，还有一种激情叫作伪激情。这样的人表面上看起来也是精力旺盛并充满着活力的，但是他与真正富有激情的人的区别在于，他往往不是用自己的活力来感染身边的人而更喜欢打击和压制别人。这样的人喜欢自己发号施令，对身边的人指手画脚，让别人感到非常压抑；决策时不够果敢，执行时又不够彻底。对于这样的人，使用时一定要慎之又慎。

那么，找到了真正富有激情的员工，又该如何在工作中保护和引导他的这种激情呢？我们先来看一个故事。

刘萍是一个刚到公司不久的新人，但她每天神采奕奕的样子都让身边的人感觉到无限的活力。这是一个敢打敢拼，胆大心细，又对工作充满了信心的女孩。这天临近下班的时候，刘萍风风火火地从外面赶回公司，刚好碰上自己的经理。

"告诉您一个特别大的好消息。通过我一整天坚持不懈的努力，终于搞定了咱们那个'钉子户'，而且签单的数额还非常高呢，说不定我会成为咱们这个季度的'状元'哦，我马上就给客户准备合同，明天上午就过去签约。"

听完刘萍的话，身边的这些同事也感到非常兴奋，看着她的眼神满是惊讶和钦佩。还有几个同事情不自禁地从自己的座位上站了起来，准备为她鼓掌。唯独经理的脸上看不到一丝喜色。

"这个过后再说，我先问你，下午通知开会的时候你为什么缺席？"

经理一开口就让刘萍满脸的兴奋瞬间冻结，她一时之间被问得有些发蒙了。其他同事也是一脸弄不清楚状况的神情，那几个已经从座位上站起来的同事更是满脸尴尬呆立当场。

"可是，我一大早就去客户那里了呀。我一直在跟客户谈订单的事情，您知道的，这个客户非常难缠。"

刘萍的话语中明显透着委屈。

"我在群里发过通知的，为什么不告知你的情况？你难道是没看到？"

经理并没有丝毫要缓和的意思。

"我光想着怎么应付客户了，根本就没时间看手机，在客户面前也不好总是翻手机的嘛。"

"别总是拿订单说事，我跟你讲的是制度。制度的重要性你知道吗？如果谁都像你一样，有个订单就敢公然违反公司的规章制度，这个团队我还带不带了？你先交一份检查给我，其他的事情等检查过关后再说。"

像这位经理这样的管理者显然不是一个富有激情的领导，而且还不懂得如何保护员工的工作激情。他采取的处理措施是一种极其错误的做法，不但对刘萍的工作激情是一种极大的伤害，团队的其他成员也会在围观中受到很大的影响。但是如果这位经理按照下面的方式处理效果就会好得多了。当刘萍一脸兴奋地向经理汇报完之后，经理这样说：

"是吗？非常不错哦，值得表扬。我们大家都为你这样的业绩感到高兴，你看同事们都等不及要给你鼓掌了。来，让我们一起用掌声对刘萍表示祝贺。"

但是这并不是说要绝口不提刘萍开会缺席的事，而是要等到掌声停歇后再说。

"刘萍，你能有这样的成绩我们大家都为你高兴，也为你感到自豪。但是今天下午是公司的例会，你可能是太忙忘记了吧？我还特意在群里发通知提醒大家了，也许是你没看到。但是不管怎么说，开会缺席又没有事先告知情况，这是违反公司的规章制度的。你签下了这么大的订单我会为你申请奖励的，但是缺席的事你最好能够交一份检查给我。

这样，你下次在签大单的时候，事情就会做得更加完美了。"

　　如果经理能够做出这样的处理的话，公司的规章制度照样可以执行，但同时又不挫伤刘萍的工作激情。相信在得到大家充分的肯定之后，刘萍对于写一份检查的事情是不会有太大的情绪负担的，而且其他的员工在外出谈合作的时候也会记得及时告知经理情况。

　　这种处理方法与杰克·韦尔奇所倡导的保护和引导员工的工作激情的方法有着异曲同工之妙。杰克·韦尔奇的表述是这样的：作为一个CEO，你是不是很有激情，还在于当你的员工有一个非常好的创意，你是不是感到异常振奋，是不是可以承认他的创意，并且能不能祝贺他的成功。如果你作为公司领导者这样做，你就可能让公司的人有很多的创举，你无法想象在这样的环境下，你的公司将变得多好，这样的团队前景是不可估量的。

有担当、能担当、勇于担当

在管理界有一个特别有意思的说法，叫作领导一定要有江湖感。这个提法在某些方面还是特别有道理的。我们暂时抛开各种管理的术语，用最直白的江湖感来说，这个团队管理者就像是一个带头大哥，他身上的某些特质必须得让跟着他一起打拼的人做到心里有底。纵然面前是千难万险，只要在你身边便觉得心安。管理者又像是战争当中的那面帅旗。不管战场的拼杀有多么残酷，只要看见帅旗还在，就有拼死一搏的决心和勇气。管理者就是所有人的主心骨，他们坚信领导会永远跟他们共进退，绝不会弃他们于不顾；赢就一起狂，输能一起扛。

这时候下属们看重的就是一个管理者的责任与担当。这是一个优秀的团队管理者必备的要素。美国总统杜鲁门在白宫时，他的办公桌上用胡桃木立了一个标牌，上面写着："责任止于此。"他之所以在办公桌上立这么一块标牌，就是为了时刻提醒自己永远不要做责任的传递者，永远不把责任和倒霉的事情推给别人，时刻提醒自己。作为美国总统，不管是多大的责任和多么糟糕的事情，他已经不能再将责任继续传递给他人了。身为领导者，在考虑员工对自己的忠诚度时，你要先考虑自己能为员工承担多少，你能在多大程度上为员工负责。在一个敢于承担乐于承担并勇于承担的领导者身边，必定会聚拢一大批肯为他生死与共、奋力拼搏的追随者。欧洲企业管理专家弗雷德蒙德·马利克将这一点总结为：员工的错误，同时是领导的错误，对上或对外时，一概如此。当员工犯了错误时，作为领导自然应该帮其改正，甚至对他进行批评，但同时更重要的是，必须让员工相信他们可以从领导那里获得支持与保护。

曾经遇到过一位在这方面做得非常成功的领导者，他在团队当中的影响力和感召力相当强。不管他说什么或做什么，下属们都会义无反顾地去执行。为什么他能够有这种让下属为他赴汤蹈火的能力？这位鬓角已发白的中年人讲了一个自己亲身经历的故事，整个讲述过程当中他的神情都显得无比庄重。他说在他刚刚参加工作不久还是一位最基层员工的时候，曾经犯过一个非常严重的错误，而且因为自己的这个过失给部门乃至整个公司都造成了非常大的经济损失。公司的高层要求找出真正应该承担责任的人。谁应该对这次的损失负起责任，他和领导都心知肚明。从犯下错误的那一刻起，他的心情就低落到了极致，那几天完全没有任何心情来做其他的事情，只是静静地等待公司的发落。但是三天即将过去，他的上级并没有来找他算账。这让他心里感到越发紧张。终于第三天下班前的两个小时，他被叫到了上级的办公室。当他忐忑不安地走进上级的办公室时，领导只是平静地对他说："一会儿你跟我一起去参加在大楼顶层举行的高层会议。你只要记住一点，不管一会儿发生什么都不要开口说话。你只要站在我身后安静地听就好。"领导的这句话让他顿时一阵绝望，而后又感觉有些释然，毕竟是自己的责任，让自己承担于情于理都理所当然。

领导带着他走进公司顶层的会议室，他只是默默地跟在后面。从他们两个迈进办公室的那一刻起，满腔怒火的高层领导们就开始了各种言语的攻击和责备。听了一会儿之后，他感觉事情有些不对，公司高层领导们把所有的矛头都对准了自己的领导，而不是自己。在高层领导们的责备面前，他的上级保持着平静，主动承担了所有的责任。他几次想要开口说话，都被自己的上级悄悄地制止。而那些高层领导也始终没有注意到那个站在责任人背后的满脸惭愧的年轻人。在高层领导们的怒火得到发泄以后，他们两个静静地走出会议室。在走廊上领导面对极度愧疚与不安的他，依然平静地跟他说："下属的责任就是领导的责任。你现在还没到需要承担领导责任的时候，这些责任我来扛。你要做的就是永远不要再让我经历这样的情形。"

讲到这里的时候，这个平时沉稳干练，年近半百的中年汉子眼圈已经泛红。他轻轻地吐出一口气，努力平静一下自己的情绪，而后缓缓地说道："自从那一天起，我愿意为上级做任何事情，哪怕是赴汤蹈火，这就是我从他那里学到的领导的责任与担当。"

这是一位值得所有人尊重的管理者。当然，这些尊重他的人也必然会包括他的下属。所以这样的管理者值得我们所有人尊重。因为能够做到这种程度，实在是难能可贵。而我们现实当中这样的管理者也确实是太少了。有很多领导不但不能做到主动为员工承担责任，甚至就连本该属于自己的责任，也要想办法推给自己的下属。职场当中有很多上司，他们想要保持自己在员工心目中的完美形象，努力让员工以为上司是不会犯错的。但是现实当中没有人不会犯错误，犯了错误怎么办？如果有错误发生，他就一定会想办法推给别人。谁是这个帮他承担错误的最佳人选，在他看来上司肯定不行，同事也不合适，这时候在他所谓的权力管辖范围之内的下属就成了帮他承担责任的最合适的人选。但是这种找下属背黑锅的情况所要付出的代价是相当高的，把所有的责任都推给自己的下属，势必导致下属的不满。最直接的影响就是导致团队人才的流失，间接地还会使得团队的人心散乱。团队当中人人争相推责揽功，整个团队的向心力、凝聚力和战斗力都将被毁于无形。这是一个方面，还有一些领导在自己出现错误时，私下里找个别关系看起来比较亲密的员工以维护领导权威或公司利益为由，实则暗示某种交易让员工主动为其承担过失。而有些员工在走捷径心理的驱使下也会答应上级的这种要求，幻想着在未来的某一个时期能够得到领导的"特殊照顾"。这对团队的公平性和管理者的形象更是极大伤害，尤其是帮领导承担过失的下属就会倚仗与领导的这种关系成为整个团队的害群之马和定时炸弹。这样的管理者所带领的团队必定不会长久，更谈不上什么战斗力、凝聚力和忠诚度。管理者的这种做法也无异于慢性自杀。

就像弗雷德蒙德·马利克说的那样：领导永远不该将自己的错误归咎为员工的错误，这样会极大地破坏员工与管理者之间的信任关系。同样重要的是员工的成功则是属于员工的，身为领导万不可夺人之功。即使完全是因为领导个人而获得的功劳，他理应得到所有的荣誉，在这种情况下，他也应该把这份成功视为整个团队的成功，如此才是一位优秀管理者的担当。当下属的工作出现失误时，你能跟他一起扛；当他做出成绩时，你能给予充足的肯定；当团队获得成功时，你不把功劳揽在自己身上，如此，你才会成为他们心中完全信得过的带头大哥。

幸福感，把正能量传给下属

当今社会竞争压力之大，人人心知肚明。如果你想在这样的一个环境当中立足，就必须建立一支高效的团队。那么一支高效的团队应该是什么样的呢？一支高效的团队，并不一定非得要求团队当中的每一个个体都是绝顶的高手，但是这个团队必须是充满了正能量的。什么是团队的正能量？团队的正能量=高效的工作+满意度+幸福感。

有一位在国内一家超一流企业供职的中层管理者讲了他自己对于工作的迷茫。这种迷茫并不是来自团队业绩目标的不明晰，也不是来自公司的业绩奖励不够丰厚，也不是自己的职场上升空间过于狭小，而在于对获得这所有的一切之后的生活状态的恐惧。这种恐惧，最直接的来源就是他的领导。他的诉说让人觉得这不只是一种恐惧，简直是一种绝望。他所在的企业论实力、论规模在国内都是数一数二的，团队的工作效率之高，也是众所周知的。公司对他们的各项激励措施也是相当到位的，他们的薪资和各项福利待遇是国内大部分年轻人努力奋斗的目标。他曾经深以自己能在这样的一个团队当中工作而感到骄傲和庆幸。所以在刚加入时的那几年，他对工作几乎是达到了忘我的境界，他在心中谋划着凭借自己的努力，几年以后就可以过上体面而幸福的生活。果然在公司公平的竞争环境下，他凭借着自己的能力和勤奋，一步步从一线员工到基层管理者，一直到现在的位置上。到现在为止他原来构想过的体面而幸福的生活几乎已经触手可及，但是公司高层管理者的生活现状，却让他一下陷入了绝望。在他们的生命中工作几乎是他们人生的全部内容。他们完全没有生活。因为长期的忙碌而导致一身的病痛，远离家庭，远离亲人，像一部被设定好程序的机器一样，脸上几乎看不到微笑。这还不是最可怕的，更可怕的是领导看起来永远是那么焦虑，不停地抱怨指责；从他们身上丝毫看不到一丁点儿幸福的影子。想一想，这可能就是自己的明天，他就从内心深处感到深深的恐惧和绝望。这绝不是他多年以来一直奋斗和追求的目标……

他所说的绝不是个别现象，一是因为位置越高责任越大，工作压力和工作强度也就会随之变大。二是我们的管理者平时更愿意向员工展现自己勤奋努力的一面，并希望以此来激励自己的下属。很多管理者向下属传达的一个信息是，虽然你们的工作很苦很累，但是作为你们的领导，我的工作远比你们更加辛苦，我所承受的压力比你们要大很多。所以在下属面前他们不敢有丝毫的停顿与放松。他们在下属面前所做的这种示范与员工自己设定的幸福生活存在着巨大反差。下属们所追求的幸福生活不仅有工作，还应该有一位情投意合的伴侣，有一个聪明而可爱的下一代，有一个不错的居所；有一定的时间来陪伴自己的爱人和孩子；能够坚持体育锻炼，定期与朋友碰面……当然努力工作，获得事业上的成就也是他们构筑的幸福生活当中很重要的一部分，因为这是支撑其他一切的倚仗。

但是从自己上司的身上，他看不到除了工作以外的任何跟幸福相关的东西。这就说明我们的很多管理者身上缺乏一种正能量。我们在前面给出的正能量的公式当中提到过，一个团队的正能量至少包括高效的工作、满意度以及幸福感三个要素。而我们的很多管理者把全部的精力都用来打造高效工作，而忽视了幸福感和工作满意度。一个自身就缺乏正能量的管理者更没办法向团队传递这种正能量，而一个缺乏正能量的团队，它的高效也注定不会长久。所以，一个充满正能量的领导者一定要懂得生活。

"老板的品位决定员工的品位，企业家要学会生活。"这是马云的观点，在老板不仅要会工作还要懂得生活这一问题上，马云在2016世界浙商上海论坛暨上海市浙江商会成立三十周年大会上做的主旨演讲曾经有这样的表述："我不相信把工作当作生活的人他会有成就感，他要真正做到了不起，一定要有生活，有生活，才会有智慧，光靠工作，可能得到的是很多知识……""你会学习，你的员工就会学习；你注重细节，你的员工就注重细节；你会生活，你的员工才会生活。只有你的员工会生活，他们才能在生活中找到体验。"

深圳华为科技的前副总裁李玉琢也是一个懂得将工作和生活分开的领导，用他自己的话说就是："我们办企业、发展经济，都是为了什么？都是为了幸福生活。如果工作的结果与幸福生活相差万里，那工作就失去了意义。"

创新工场的创始人李开复先生，是一位非常著名的"青年导师"，在年轻人当中有着非常大的影响力。他之所以能够深得年轻人的喜爱，不仅仅是因为他一直在关注着年轻人的工作和事业，在工作之外他也一直在关注年轻人的生活，而且这种对生活的关注早在他刚进微软的时候就开始了。在他刚进微软的那一年，有个名校毕业的年轻人跟他说希望自己以后能够跟他一样，成为一个能"管人"的人。这让他觉得很不舒服，年轻人怎么能够过如此一元化的生活呢？然后他就开始以信件的形式跟这个年轻人不断地沟通，教会他要过什么样的生活，甚至还教他如何面对失恋。因为他觉得不应该向年轻人传达生活就只有工作这样的信息。对一个并不是很熟悉的年轻人李开复就能如此关注他的生活，并乐意免费教导他如何工作和生活，他在自己公司那些年轻的下属面前就更是这样了。与李开复一起工作过的年轻人都对此深感认同。创新工场的一位年轻人说："你能感觉到开复是在关心你，每个人都能感觉到，我不知道他是怎么做到的。"李开复不仅关心年轻人的生活，他自己也是一个生活味道很浓的人。2009年的圣诞节，李开复是跟创新工场的几十个员工一起在自己的家里过的。和员工一起过节，他可以穿着西装扮演伊斯特伍德，也可以去演一个牛仔。当他的一位下属讲了一个冷笑话之后，他也可以像个年轻人似的立刻从冰箱里拿出很多的冰块给他。

如果一开始我们提到的那个有些绝望的年轻人是工作在李开复这样的人的身边的话，他就绝对不会感到如此迷茫了。李开复身上的浓浓的生活气息和幸福的感觉，会告诉他努力工作是为了什么。他的明天、他所追求的幸福生活，就是眼前这位幸福的上司的样子，满满的都是正能量。"我们办企业、发展经济，都是为了什么？都是为了幸福生活。如果工作的结果与幸福生活相差万里，那工作就失去了意义。"李玉琢先生的这句话值得我们的管理者们深思。一个机器一般的死气沉沉的团队，即使能够像机器一样精准、高效，那也只能是暂时的。记住，我们的团队每个人的属性，首先是人，然后才是下属、员工。他们都有这种本能上的精神需求，作为管理者，我们要做的就是让他们看到的首先是一个人，一个幸福的人，充满了正能量的人，然后才是一个高效工作、能力出众的领导。向自己的团队源源不断地传递正能量，打造一个充满了正能量的团队，这是一个拥有影响力的领导的责任之一。

展现魅力，让下属追随而不是服从

我们一直在强调领导者的影响力对整个团队管理的重要性，那么究竟什么才是管理者的影响力呢？管理者的影响力就是20％的权力加上80％的魅力。由此，我们就可以看出一个管理者的个人魅力，对于团队管理也同样起着举足轻重的作用。什么是魅力？最官方、最权威的通常解释是：一种能散发出不可抗拒的力量以取悦人、吸引人的品质。我们可以看到几点：第一，它是管理者自身固有的一种品质；第二，它能散发出一种不可抗拒的力量吸引周边的人，并使他们感到愉悦。

"能够吸引周边的人，并使他们感到愉悦。"魅力具备的这种力量对于管理者来说真的是太重要了。詹姆斯·伯恩斯在《领袖论》中说："我们这个时代最大的愿望之一就是对极具感召力和创造力的领袖的渴求。"他在这里所说的极具感召力和创造力的领袖其实就是富于个人魅力的管理者。德鲁克也认为管理者的魅力能帮助管理者将影响力发挥到极致。那么魅力到底是一种什么样的品质？几年前网络上曾经进行过一项民意调查活动——投票选举谁是最有魅力的领导。最有魅力的领导人选者众多：提倡休闲式管理的王石；彰显狼性精神的任正非；充满着强烈民族感的宗庆后；草根出身的牛根生；头顶光环的明星式企业家马云。虽然最后评选的结果是牛根生凭借在逆境中崛起的牛气和跟摩根士丹利对冲的霸气以及捐出所有蒙牛股份创立老牛专项基金的人气斩获了第一，但是不得不承认，无论是休闲管理的王石，还是狼性十足的任正非，还是民族感强烈的宗庆后，他们都是各自企业当中的灵魂人物。他们当中的任何一个都称得上是魅力十足的管理者。他们的魅力也都为他们的管理加分。

有相关的研究学者专门致力于研究领导者魅力对企业经营绩效的影响。其中有一篇文章就以华为的任正非作为案例。这篇名字为"基于扎根分析的领导者魅力对企业经营绩效的影响研究——以华为技术有限公司领导者任正非为例"的文章中，作者通过对任正非在华为的内部讲话以及任正非传记的阅读与分析，发现任正非拥有的领导者魅力对企业的经营绩效有着极大的影响作用，具体体现在以下三个方面：①任正非的领导者魅力特质，推动企业团队的创新。在华为的20多年的发展历程中，任正非带领全体员工本着艰苦奋斗居安思危的精神，不断前进着，在技术研发、市场开拓、服务供应、财务管理、员工的思想教育等方面均取得了较大的成绩。②任正非对下属的信任与宽容极大地增强了员工的归属感和奉献精神。任正非在经营企业的过程中，对人才和技术的渴求是极其强烈的。任正非坚持认为，尽管可能暂时增加生产成本，但华为聚集优秀人才提高人才比重的决策是正确的。与下属的相处之道，任正非采取信任与宽容，并不断地鼓励增强员工的归属感。另外，任正非在工作中对下属的信任与宽容也使得员工对他的领导更加信任。这种信任的基石更促进下属表现出更高的组织承诺和工作满意度。所以华为的员工更愿意承担一定的风险来实现更高的领导目标，这对于华为的企业创新，以及经营绩效提高都起着非常大的作用。③对未来的信心和危机意识，推动着员工的创造力，激发员工潜能。危机意识与信心并存，一直都是任正非性格特征的真实写照。即使在最艰难的时期，任正非仍然对未来充满了信心，并把这种信心不断地传递给每一位员工。激励他们要艰苦奋斗，一定要对未来满怀信心，这种鼓励对于员工潜能的开发具有非常重要的作用。同时在华为最辉煌的时刻，任正非也不忘提醒每一位员工"华为的冬天"。这种深深的危机意识对于推动企业的创新发展起到了积极的作用。

马云作为阿里巴巴的创始人，中国大陆第一位登上国际权威财经杂志《福布斯》封面的企业家，也是一位极富有魅力的管理者。马云作为管理者的魅力首先表现在用人上："君子不器，用人如器"，是马云最大的用人法则。马云的团队理念是不要明星似的领导人，但是一定要有明星似的工作团队。他总是尽力去发现团队当中每一个人身上的优点，然后让他们最大限度地得以发挥。马云独特的领导魅力的另一个表现在于他的信心与活力。用当年阿里巴巴"十八罗汉"之一的戴珊的话来说就是："无论什么时候看到他，你在他眼中看到的都是自信，我一定能赢的信心，你跟着他在一起充满了活力。"另外，马云具有极高的情商，他认为管理的本质不是管而是理。所以，他会采取各种不同的激励手段来发掘人的潜能。马云的激励手段丰富多样，比如晋升激励，只要工作满一年并考核合格，就有资格参加内部竞聘；邮件激励，马云具有极佳的文字和口头表达能力，邮件也是他非常善用的一种激励手段，马云写邮件常以家常的方式给予员工各种精神激励。他还有比较幽默的

"穷开心"的策略。他的激励手段就像他的人一样，灵动而风趣。

不管是任正非也好，还是马云也好，他们有着各自不同的性格特征和管理风格，但是这并不妨碍他们成为同样富有魅力的管理者。那么有没有一些特定的因素是所有富有魅力的管理者所普遍具有的呢？我们一起来梳理一下。

1. 修养

对于一位领导者的魅力来说，修养是非常重要的，而且也是最基本的要求。其中素质和道德又是修养的两个核心元素，是领导者魅力的主要来源。著名管理学家德鲁克曾经说过："如果一个领导者缺乏正直的道德，那么不管他多么有才华，最终都会给企业造成损失，因为他破坏了企业最宝贵的资源——团队的精神力量。"

2. 大气宽容

一个人要想显得超脱不凡，那就一定要大气。这份大气中透着睿智和对人对事的宽容之心。而宽容又是对别人、对自己的一种善待，是透析人生之后的那份自信与从容。管理学家阿里·德赫斯曾经提出过"宽容型管理"的主张。他表示宽容型管理是很多大企业持续发展的重要原因。宽容的领导态度是对制度的强化，可以使制度拥有更大的弹性，使企业化解制度僵硬的弊端，是一种人性化的领导方式。

诗人卡里·纪伯伦曾经说过："一个伟大的人有两颗心：一颗心流血，一颗心宽容。"宽容是人性魅力绽放的最美的花朵。真正具有领导魅力的人能够用这颗宽容的心让员工心甘情愿地跟随他们。

3. 冷静从容

古人有句话叫作："胸有激雷而面若平湖，可以拜上将军。"作为领导者，遇到事情时千万不可惊慌失措，要表现出泰山崩于前而面不改色的从容。只有领导者做到了冷静，下属才能有主心骨，才不致乱了阵脚。领导者保持着这份从容冷静在面临大事的紧要关头才能进行冷静的思考，从而做出理智的选择。沉着冷静是领导者正确决策的前提，领导者要静而有定才能镇定人心，鼓舞士气。哈佛商学院的巴拉克教授就提出过"沉静"领导的概念。巴拉克认为，沉静领导者懂得使用细小、谨慎的方法来解决复杂的问题。他们沉着冷静的气魄，能够赢得更多下属的信任和追随。

4. 幽默

美国心理学家吉尔福通过研究得出，具有卓越领导力的人都拥有丰富的幽默感。它是领导者的亲和力的直接表现，也是与员工最有效的沟通方式。领导者的幽默感能够消除员工的戒备心理，有效拉近跟员工的心理距离，从而获得员工的支持。具有幽默感的领导者比古板严肃的领导者更受员工的欢迎，更容易赢得下属的信任。幽默大师卓别林曾经说："幽默是智慧的最高体现，具有幽默感的人最富有魅力，他能快乐地与人相处，并赢得快乐的人生。"培尼公司的前任董事长也曾说："几乎我所认识的每一位高层领导，都具有极高的幽默感，我曾经参加过很多公司的会议，谈的都是严肃的话题，但是他们总是运用幽默语言来沟通。幽默感可以让你在处理纯技术信息或者面对难以决策的问题时，保持清醒的头脑。"

5. 谦虚随和

泰戈尔曾说："当我们最谦卑的时候，便是我们最近于伟大的时候。"谦虚是一种做人的智慧，更是一种高明的领导风格，也是为人处世的黄金法则。谦虚随和的人，必将受到人们的尊重与敬仰。谦虚随和的领导风格，是现代社会中企业领导者必须学会的卓越法则。领导者想要一呼百应，赢得下属的爱戴，就必须保持谦和的态度，这样才能征服人心，团结整个团队的力量一起奔赴梦想。

6. 真诚

古语有云："两心不可以得一人，一心可得百人。"这句话的意思是说：如果对待别人三心二意的话，就不可能得到任何一个人的信任；但是如果一心一意地对待别人，就会得到很多人的信任。这里说的"一心一意"体现的就是一份待人的真诚。曾国藩的处世原则是即使别人对他虚情假意，他也会真诚地对待别人。因为日久见人心，时间长了，一开始对他虚伪的人也会真诚地对待他。曾国藩之所以能够有那么大的成就，跟他的这份待人的真诚是分不开的。美国领导力专家库泽斯与波斯纳经过调查发现，卓越领导人所具有的最突出的品质之一就是真诚待人。

7. 自信

爱默生曾经说过："自信是成功的第一秘诀。"自信是人生成功的基石，同样也是领导者魅力的基石。如果一个领导者连自己都不能相信自己的话，怎么能够得到下属们的信任呢？创新工场的创始人李开复在与真维斯董事长杨勋谈到个人的经验的时候，都曾不约而同地表示，自信心是成功的要素。李开复认为一个人所具备的能力，在工作或生活中不一定能够完全表现出来。但是有一部分人是可以的，这些能够将自己的潜能充分地发挥出来的人都具备强烈的自信心。杨勋也在一次演讲中提到年轻人所关注的成功的要素时表示，自信是第一位的，有了自信才有可能将自己的工作做好，甚至能够做得超乎想象地好。每一个领导者都希望自己的下属时刻充满着自信。那么，就请记住：如果你期待自己的下属是什么样子，首先就要把自己变成自己希望他们变成的样子。所以，时刻保持你的自信，因为你是下属们效仿的榜样。

修养、大气宽容、冷静从容、幽默、谦虚随和、真诚、自信，这就是魅力型领导者通常会具备的七大品质。也许某一位魅力型领导者的身上并不能将这七大品质全部展现得淋漓尽致，但是你肯定能够在他身上发现这七大品质当中的几种。或许有些人会说，某位魅力值爆表的领导者，他走路的姿态，说话的声音，甚至脸上的表情和一个眼神都散发着无穷的魅力。这话我表示认同，你说的是一个事实。但是另外的一个事实就是，如果你具备了以上七大品质当中的几个的话，你的行走坐卧，你的言谈举止，甚至是一颦一笑之间也将透着旁人难以抵挡的魅力。这是内在与外在的关系，由内而外，内在决定外在，事实就是如此。一位高效领导者的影响力是来自权力的威慑感和来自个人人格魅力的吸引力相融合而成的，两者缺一不可。但是从成为管理者开始，你的手中就已经掌握一定的权力了，现在你和影响力爆表的超级高效的管理者之间就只差一个人格魅力了。